nterrupción
DIVINA

Interrupción
DIVINA

Cómo transitar lo inesperado

PRISCILLA SHIRER

B&H
Español

Nashville, Tennessee

Publicado por B&H Publishing Group
Nashville, Tennessee 37234

Publicado originalmente en inglés con el título
Life Interrupted © 2010 por Priscilla Shirer.
Publicado por B&H Publishing Group.

Traducción al español: Gabriela De Francesco de Colacilli

Clasificación Decimal Dewey: 248.843
Clasifíquese: VIDA CRISTIANA \ JONÁS, PROFETA \ VOLUNTAD DE DIOS

ISBN: 978-1-4336-7251-4

Impreso en EE.UU.
1 2 3 4 5 6 7 8 * 14 13 12 11

Para Jude

Índice

Primera parte

Interrupciones, interrupciones

CAPÍTULO 1

Y ahora, algo completamente distinto

«Jamás oído oyó ni ojo vio un Dios fuera de ti, que hiciera tanto por el que espera en Él».

Isaías 64:4, BTX

Me hubiera gustado saber lo que sé ahora, lo que el Señor me está ayudando a descubrir.

Quizás entonces, cuando me sorprendió lo inesperado, habría podido contener mejor mis sentimientos indómitos y descontrolados.

Tal vez, los giros de la vida no me habrían torcido tanto el corazón, volviéndome tan estricta e implacable.

Quizás, habría reconocido en todo la mano invisible de Dios, y habría enfrentado la frustración o el desencanto con un guiño y una sonrisa confiada, al saber que Él estaba detrás de todo, que esta interrupción era simplemente Su manera de preparar el terreno para algo mejor.

Tal vez entonces, no me hubiera esforzado tanto por controlar la situación o precipitarme; me habría rendido y aceptado lo que el Señor permitió.

Quizás.

Quizás no.

En ese momento, seguro que no.

Verás, mi vida sería la música. Literalmente. Tenía cinco años cuando canté en la iglesia por primera vez. Recuerdo con claridad mi vocecita y mis rodillas temblorosas ese día. Desde entonces, tuve la convicción de que Dios quería que fuera cantante. Mi plan, mi ambición y mi sueño era pararme en el escenario y en un estudio de grabación para cantar mis canciones al Señor. Cuando era joven, incluso hice audiciones para varios grupos musicales conocidos en el país y me entusiasmó que dijeran que les gustaría incorporarme a su equipo.

Sin embargo, mis consejeros me alentaron a no dedicarme a la música tan temprano, porque dejaría pasar otras experiencias que podían ser más valiosas con el tiempo. Cuando todos los obstáculos desaparecieron, esas excelentes oportunidades musicales ya habían pasado. Había perdido mi oportunidad. Las puertas emocionantes que se habían abierto estaban cerradas. Me sentí desconsolada. ¿Qué podía hacer ahora si lo único que quería (convencida de que era el plan de Dios para mí) ya no era una opción?

Me hubiera gustado saber antes lo que sé ahora.

Con pesar, vi cómo la música desaparecía de mis esperanzas y mis sueños. Así que luego de considerar algunas alternativas, decidí estudiar radio y televisión. Parecía adecuado para mí. Si no era la música, al menos podría disfrutar de la presencia escénica en cámara. La televisión resultó ser una tarea intensa y de gran presión: trabajo duro, pero sumamente emocionante, porque tuve la oportunidad de trabajar en distintas emisoras realizando varias funciones. Consideraba cada tarea nueva como la plataforma que me llevaría a funciones mejores y más importantes. Sin embargo, cada vez que comenzaba a trabajar en un programa, el índice de audiencia decaía y se cancelaba el programa en el transcurso del primer año de haberme sumado al grupo. (¡Eso sí que genera complejos!)

Esto no podía suceder. Había estudiado. Me había esforzado muchísimo. Me lo había ganado y estaba segurísima de que el Señor me había guiado a ganarme la vida con esto. Evidentemente, había malinterpretado Su voz o Él me había llevado a fracasar. ¿Qué hace una profesional de la música y los medios cuando ninguno de sus llamados funciona? No tenía ni 30 años... y ya me sentía acabada.

Me hubiera gustado saber antes lo que sé ahora.

Mientras tanto, salía con un joven maravilloso que me había robado el corazón y parecía el indicado para toda la vida. La relación se había vuelto seria; hasta habían empezado a florecer las primeras promesas resplandecientes de matrimonio. Sin embargo, en uno de los giros inesperados del camino hacia la felicidad romántica, nuestro vehículo se salió de la carretera. Terminamos. Y yo quedé completamente afligida. Le rogué a Dios que restaurara mi relación con este hombre. Estábamos destinados a estar juntos. ¡Lo sabía! Pero a pesar de las conversaciones y el tiempo compartido, de los planes y los sueños que habíamos comenzado a construir, él ya no me quería. Esto casi me destruye. No podía dormir. No podía comer. No veía nada bueno en el futuro. Perdía en la vida y en el amor al mismo tiempo.

Me hubiera gustado saber antes lo que sé ahora.

Sí había otra persona para mí. Años más tarde, me enamoré. (Ya contaré más al respecto). Y luego de tres años de matrimonio, con un poco de esfuerzo, Dios permitió que quedara embarazada. Estábamos extremadamente emocionados. Sin embargo, antes de poder acostumbrarnos a la idea de un bebé en la familia, tuve un aborto espontáneo. Antes, era casi imposible pensar en otra cosa debido a la feliz anticipación; ahora, era casi imposible pensar en otra cosa debido al dolor y la desilusión.

La vida. Una vez más interrumpida.

¿Cómo pudo suceder? ¿Por qué Dios lo permitía? ¿Acaso *nunca* podríamos tener hijos? ¿Sería posible superar esta experiencia espantosa y animarnos a volver a intentarlo, a pesar de conocer el profundo dolor de que nos arrebataran el gozo?

Sí, era posible.

Y lo logramos.

Primero llegó Jackson. Dos años más tarde, Jerry hijo. Y cuando estos divertidos pequeñuelos comenzaron a acercarse a la edad escolar, Jerry y yo decidimos cerrar la fábrica de bebés. Nos encantaba la paternidad, pero extrañábamos la vida libre de pañales, tazas involcables y noches sin llanto por los cólicos. Estaba segura de que no me quedaba ninguna experiencia de embarazo, bebés y temprana infancia por vivir.

Bueno... Resultó ser que sí.

Cuando las líneas rosadas apenas perceptibles se transformaron en un signo positivo en la prueba de embarazo que compré en la farmacia, nuestro plan para una nueva etapa en la vida se convirtió de repente en un plan para una fase sumamente inesperada. No era lo que teníamos en mente. Estábamos tan completos y satisfechos con nuestros dos muchachitos y nuestra agradable vida que, me atrevo a decir, nos *conmocionó* comprender que ahora nos dirigíamos en otra dirección: un cambio de planes de tres kilos llamado Jude Maddox Shirer. Y por más dulce y bueno que sea, el octubre en que nació representó un capítulo totalmente nuevo en nuestro hogar: uno inesperado.

Entonces, mientras intentaba ajustar mis emociones y mis planes para acomodar este acontecimiento, nuestro ministerio estable comenzó a experimentar sus propios dolores de crecimiento. Mientras mi cintura se ensanchaba, sin ninguna consideración por el contenido de mi armario, nuestro ministerio seguía su ejemplo. Con una familia en crecimiento y una carga completa de responsabilidades ministeriales (incluso antes de pensar en añadir un bebé a la mezcla), quedamos aturdidos al ser arrojados a otra esfera de oportunidad y desafío. Nuestro reducido personal (del cual mi esposo y yo conformábamos las dos terceras partes) ya había llegado al límite. Por supuesto, estábamos agradecidos y entusiasmados por lo que Dios estaba haciendo; pero nos había tomado por sorpresa. Nos gustaba el ritmo habitual de la familia y la vida ministerial que llevamos durante años. Habíamos encontrado nuestro ritmo y equilibrio, pero ahora todo cambiaba. *Todo.* En lo personal y lo profesional.

Así que en el camino, sucedieron muchas cosas que alteraron mi trayectoria planificada para la vida. ¿Un ministerio en la música? Quizás no. ¿Una carrera en la televisión? Tal vez no. ¿Esa primera esperanza de matrimonio? ¿El primer bebé? Parece que no. Dos padres, dos hijos... ¿ya está completa la familia? Mmh... tal vez no. *Señor, ¿qué te parece al menos un ministerio fácil de manejar?* Por cierto que no.

Me hubiera gustado saber lo que estoy comenzando a comprender ahora.

Llámalo una interrupción divina.

¿Quieres que haga qué?

Me imagino que tú también has experimentado algunas interrupciones en el camino. Quizás haya sido algo trágico: la muerte de alguien cercano, un problema de salud, un accidente debilitante. Un amor perdido. Una oportunidad desaprovechada. Un objetivo sin alcanzar. Tal vez afectó de manera tan drástica tu estado de ánimo, tu carácter y tu manera de vivir que ya casi no recuerdas cómo solías ser. Este suceso desconcertante afectó tu vida en tantos sentidos que desequilibró todo.

Sin embargo, las interrupciones no sólo son enormes y horribles. Es más, por comparación, pueden ser bastante secundarias. Problemas con el automóvil. Varicela. Olor a podrido en la carne que preparaste para la cena. Aun así, te tomó por sorpresa. No lo esperabas. Ibas con tu lista de cosas en mente, con plena conciencia de lo que sucedería, cuando algo salió de la nada y te sorprendió. De repente, tu programa se desbarata, junto con tu idea anticipada de lo que tenías que hacer en el día. Te toma desprevenido y te ves obligado a enfrentar una nueva arruga, otro obstáculo que sortear.

Las interrupciones.

Llegan en todos los tamaños. Grandes y pequeñas. Desde las más desafiantes hasta las ligeramente inoportunas. Un golpe inesperado al presupuesto familiar. Un amigo cercano que se muda lejos. Un cónyuge que confiesa que te ha ocultado algo. Un informe médico nada agradable. Una prueba de embarazo negativa... otra vez. Un nuevo supervisor en el trabajo que no se parece en absoluto al anterior, a quien querías mucho. Otro año de soltería aunque quieres casarte. Una hermana que debe operarse y necesita que cuides unos días a sus hijos.

Incluso puede ser algo bueno; como que te pidan que cumplas una nueva función en el ministerio, o descubrir que hay *tres* bebés en tu vientre en lugar de uno solo. (Sí, le sucedió a una amiga). Ayudar a tu hija a planear una boda de verano o tener que mudarte lejos por un ascenso en el trabajo. Aun estas interrupciones buenas llevan mucho tiempo. Cambian las cosas a las que estás acostumbrado. Te costarán algo que no tenías calculado. Entonces, ¿cómo respondes? ¿Cuál es la mejor manera de transitar lo inesperado... las *interrupciones* de la vida?

Para que quede claro: ¡*Detesto* las interrupciones! Aunque soy espontánea, y a veces me gustan las aventuras y las actividades improvisadas, cuando establezco un objetivo o un plan mentalmente, soy persistente como la ardilla que juntaba bellotas en mi jardín esta mañana. No quiero distracciones hasta tener esa nuez en mi poder, en mi boca, y luego... mmm... en mi pancita. Y los desvíos de esa misión me desequilibran e intranquilizan. Siempre fui así. Perseverante. Un rasgo saludable pero, cuidado, puede transformarse rápidamente en una de mis peores cualidades cuando me vuelvo inflexible a la voluntad de Dios, cuando estoy segura de que Sus deseos son distintos a los míos.

Es lo que enfrenté cuando el pequeño Jude venía en camino y estaba desesperada por resolver cómo equilibraría las obligaciones de una familia y un ministerio en crecimiento. Me encantaba mi vida pero me sentía exigida al máximo. Así que sabía que en el fondo, no estaba demasiado entusiasmada. ¿Acaso Dios no sabía que Jerry y yo habíamos diseñado con cuidado estos planes para la vida? Ya habíamos regalado toda la parafernalia de bebés, seguros de que nuestra familia estaba completa. Regalamos la cuna, la hamaca y la sillita portabebé. Y, ¡quién diría!, por primera vez en años, se me notaba la cintura. Nuestros dos hijos se habían graduado de la primera infancia y ya me había mentalizado para una vida con dos muchachitos que, a diferencia de cuando eran bebés, podían expresarse cuando se lastimaban, decirme qué les sucedía y cómo podía ayudarlos.

Así que, una vez más, admito que protesté un poco. Me quejé. Esos primeros meses de náuseas matutinas... eh, digamos que no fui la clase de Priscilla que quisieras tener cerca. Te aseguro que no fue mi mejor momento, en especial mientras el ministerio crecía y sabíamos que necesitábamos expandir nuestro personal si no queríamos quedarnos atrás. Nos gustaba que fuera pequeño e íntimo, pero ya no podía seguir así. Evidentemente, las dos cosas (el bebé y el crecimiento ministerial) fueron regalos de Dios, pero seamos sinceros: a

7

veces, los regalos divinos están disfrazados debajo de nuevas responsabilidades.

Un día, en medio de mi festín de autocompasión, sentí que Dios me hacía una pregunta. ¿Seguiría lloriqueando, quejándome, refunfuñando, haciendo el papel de mártir? ¿Quería que todos me tuvieran lástima aun cuando en realidad no había una razón válida? ¿Este sería mi nuevo patrón para manejar aquello que no salía a mi manera? ¿Mi esposo y mi familia tendrían que acostumbrarse a vivir con esta clase de persona? ¿O me rendiría a lo que Dios me llamaba a hacer... no sólo en lo físico con este embarazo y las necesidades adicionales del ministerio, sino también con mi actitud, mi mente, mi corazón y mi espíritu? ¿Me entregaría por completo a Él? ¿Aceptaría Sus planes para mí?

Resulta ser que Dios me enviaría *otra* bendita interrupción.

No sólo a Jude, mi hijito, sino también a Jonás.

Mediante las páginas de este conocido libro de la Biblia, Dios comenzó a hablarme de una manera nueva. Aun mientras luchaba con las interrupciones de mi vida, el Señor empezó a mostrarme algo a través de los ojos de un profeta fugitivo, quien *también* se enfrentó a una interrupción en su vida de relativa comodidad. Un hombre que vio el cambio de planes de Dios como algo para evitar y escapar a toda costa. Alguien que necesitaría una tormenta marítima y tres días dentro del vientre de un pez para aceptar lo que significaba rendirse y lo que podía lograr si lo hacía.

Yo no quería ser como Jonás. No quería que Dios tuviera que buscar en el último cajón de tácticas disciplinarias para ayudarme a comprender Su manera de pensar. Por más que no planeé hacerme cargo de otro bebé recién nacido (por lo menos, en ese momento) ni me sentía preparada para las nuevas responsabilidades de un crecimiento ministerial, *por cierto* no quería la responsabilidad de transformarme en alguien que cree saber más que Dios. Ya lo he visto antes en mí. Volví a verlo en Jonás. Y no quise volver a ser esa clase de mujer.

Sinceramente, como conozco mi trayectoria con Dios y cómo ha mostrado Su fortaleza en medio de todas las interrupciones de mi vida, tendría que haber manejado esta etapa de otra manera. Me desilusionó un poco mi forma de actuar porque, al mirar atrás, tenía mucho para agradecer a Dios. Verás, si me hubiera unido a uno de esos grupos de música en la adolescencia, y ponía mi vida en espera mientras iba en pos de un sueño que Dios sabía que no era para mí, probablemente habría seguido por ese camino luego de olvidar que mi tarea principal en la vida no era cantar para el Señor sino buscar Su dirección y Su guía. Ahora, estoy segura de que Su plan para mí siempre fue el ministerio de enseñanza. Además, sé que si hubiera estado en el ámbito de la música, me habría costado mucho más regresar. Es más, quizás nunca habría llegado adonde estoy.

Si tan sólo lo hubiera sabido.

En una época, me pareció que había desperdiciado los años que estudié televisión y obtuve mucha experiencia en los medios. Sin embargo, lo que alguna vez me pareció un desvío inútil resultó ser la preparación ideal para los estudios bíblicos en video que Dios sabía que realizaría más adelante.

Si tan sólo lo hubiera comprendido, si hubiera confiado en Él...

¿Y qué habría sucedido si esa relación (la que deseaba que se transformara en matrimonio) no hubiese sido interrumpida? Al mirar atrás, veo la mano de Dios que me alejó de un hombre e inclinó mi corazón a otro. No cualquiera puede manejar la vida que conlleva nuestro matrimonio y nuestro ministerio. Si el primer hombre hubiera decidido casarse conmigo... quién sabe, tal vez habríamos sido felices juntos, pero ahora sé que no era lo que necesitaba en realidad. No estaba hecho a medida para mí como Jerry, el esposo ideal que Dios sabía que necesitaría en nuestra situación. Además de aceptar a Cristo como Salvador, Jerry es la mejor decisión que tomé (como me dijo mi hijo de siete años la otra noche: «Papá es la mejor decisión que Dios tomó por ti»). Sin embargo, en el momento fue difícil. No quería nada de la voluntad de Dios que no incluyera a este otro hombre. Y sin embargo, las heridas que dejó me hicieron valorar más el bálsamo sanador de la bondad y el amor de Jerry, totalmente adecuado para mí. Me enamoré locamente para toda la vida. Ahora agradezco al Señor por mis oraciones sin respuesta. A menudo, las interrupciones son Su manera de hacer algo aún mejor.

Quisiera haberlo sabido antes.

Tal vez, Jonás pensó lo mismo. Fue un profeta del reino norte de Israel durante la primera parte del siglo VIII a.C. Y aunque no sabemos demasiado de su vida anterior a los sucesos registrados en el libro que lleva su nombre, en 2 Reyes 14:25 se nos dice que había anunciado algunos acontecimientos positivos para su pueblo, los hebreos.

Durante el reinado del rey Jeroboam II, la nación presenció la restauración de territorios que Siria le había quitado. Esto le permitió a Israel alcanzar su era más próspera desde Salomón; permitiéndole controlar las principales rutas comerciales que pasaban por Palestina y conectaban todo el mundo antiguo. Jonás fue el profeta que lo vio venir. El Señor le habló, él declaró los detalles y la concreción de estos esperados acontecimientos probó que tenía razón. Por lo tanto, es probable que fuera popular, que lo tuvieran en alta estima y valoraran su función. Además, recibiría un excelente salario por el estatus del que disfrutaba.

Vivía el sueño de todo profeta. Y estaba sumamente satisfecho con la manera en que siempre salía todo: como lo había planeado y tal como esperaba. Vivía para Dios y hacía Su obra con excelencia. ¿Por qué iba a enviarlo el Señor a hacer otra cosa?

Si tan sólo lo hubiera sabido.

Y sin embargo, a pesar de ser un gran profeta, Jonás no tuvo una visión más clara que la nuestra al intentar comprender por qué Dios provoca o permite esta interrupción ahora, cuando lo único que logra es hacernos sentir frustración e incomodidad. Es lo último que quisiéramos o, al parecer, lo último que necesitaríamos. Y sin embargo, Dios lo permite.

Así que me identificaba con Jonás al leer otra vez una historia tan conocida, pero que Dios me mostraba de una manera fresca. Embarazada de mi inesperado tercer hijo y con nuevas tareas ministeriales que enfrentar, me preguntaba qué hacer con mi corazón resistente y su veta obstinada. Sabía, al igual que Jonás, qué era experimentar una palabra clara de Dios y desear salir corriendo en la dirección opuesta. Sabía lo que era observar cómo las circunstancias se acomodaban a mi alrededor evidenciando la mano de Dios, que me llevaba a obedecer y a confiar en Él para cooperar con Sus propósitos.

Sin embargo, también conocía el deseo de rebelarme. Sabía lo que pasa por la mente de una persona que no quiere participar por completo en la etapa de la vida a la cual Dios la llama.

El deseo de huir del Señor. De luchar contra Su clara voluntad. Por cierto, Jonás lo hizo. Es más, fue el *único* profeta en toda la Biblia en hacer algo así. Siempre fue sencillo juzgarlo o menospreciarlo: uno de los chicos malos del Antiguo Testamento. Bueno, para mí no es tan fácil. Es difícil apreciar si tu propia situación es tan deplorable, si emocionalmente tienes un pie en la calle y una mano en el volante. ¿Dejaría que mis interrupciones me hicieran lo mismo que le hicieron las suyas a Jonás?

¿Qué sucederá ahora?

Es el dilema que me trajo hasta aquí. A este libro. A ti, sin importar dónde estés. Cuestiones sumamente personales; cuestiones de la vida real. Al igual que las tuyas. Sé que podemos identificarnos con lo que le sucede al otro. Sé que compartimos un lenguaje común en cuanto a comprender cómo son las interrupciones, qué sentimientos nos producen, cómo nos intimidan y nos molestan. Todos hemos sufrido alteraciones en la vida en algún momento. Hemos visto cómo nuestro Plan A se subordina a otras realidades: cuestiones que no queremos aceptar ni experimentar. Y sin embargo, están aquí; es nuestra vida. Podemos huir, pero no podemos escondernos.

Al conocer a Dios, nos esforzamos por aceptar que no tendríamos que soportar lo que nos sucede si Él no quisiera, si por alguna razón no lo permitiera. No obstante, esta noción no siempre nos ayuda a enfrentar la realidad, ¿verdad? Tal vez me sienta lo suficientemente optimista como para seguir el paso *algunos* días, pero a veces, quisiera salir corriendo o sentarme y darme por vencida.

Todos hemos sido Jonás alguna vez, ¿no es así? Nos sentimos irritados. Quisimos escabullirnos. Deseamos que Dios eligiera a otra persona para variar. Entonces, todavía falta algo importante en nuestro interior. Algo evita que pongamos en práctica lo que profesamos creer sobre Dios: que podemos confiar en Él aun cuando no comprendemos, que no nos llevará por mal camino, que Su voluntad es más importante que la nuestra.

¿Por qué seguimos huyendo de Él y de Sus planes?

Espero que podamos aprender juntos, como yo lo hice cuando Dios me sentó con Jonás, cuando miré desde mi propia *interrupción divina* y comprendí algunas cosas que hubiera querido saber mucho antes. Todavía no terminé de aprender;

pero sé que no quiero dejar que otra interrupción haga que comience a esquivar con desesperación la voluntad divina y desaproveche lo que Él quiere lograr en mí y a través de mí. Quiero que mi vida irradie lo que sucede cuando Dios tiene el control completo del corazón, cuando cualquier acontecimiento o circunstancia es sólo otro camino para conocerlo mejor y mostrar Su gloria.

En realidad, de eso se trata el libro de Jonás. No es sólo sobre el gran pez: hay más que Jonás y «la ballena». El personaje principal en la historia del profeta es Dios. Cada uno de los capítulos (y de los versículos) habla del esplendor, de la gracia, la soberanía, la guía y la disciplina de Dios. El Señor está en cada rincón de esta pequeña obra de literatura histórica antigua. *Siempre* está allí. Está en medio de cada interrupción.

Así que si sientes el pellizco de las interrupciones de la vida, ¿adivina qué? Dios también está en medio de las tuyas, aunque a veces las hayas provocado (como muchas veces me sucedió). Esta interrupción (sin importar si es grande o pequeña) representa tu próxima gran oportunidad de ver cómo Dios se coloca en primer plano para mostrarte lo que puede hacer cuando lo inesperado te genera más expectativas que nunca.

Al igual que tú, he huido del cambio, de las sorpresas de la vida. A veces, huí simplemente para mantenerme en movimiento cuando no sabía qué más hacer; pero me metí en problemas; porque al correr hacia lo que pensaba que era mejor, más seguro, placentero y satisfactorio, menos doloroso, complicado y restringido, en realidad huí de Dios, de Su voluntad y Su bendición.

Y estoy cansada de correr. ¿Tú no?

¿Y si *supiéramos* que estas interrupciones de la vida no se tratan tanto del problema sino del proceso? ¿Y si *supiéramos* que este obstáculo o fastidio no tomó desprevenido a Dios aunque para nosotros haya sido una sorpresa? ¿Y si *supiéramos* que Su rumbo nos proporcionará oportunidades que nunca soñamos, aunque no sean exactamente como las imaginamos? ¿Y si *supiéramos* que, al no obtener lo que queremos, Dios nos dará algo mejor?

Creo que podemos saberlo... y *vivir* en consecuencia. Jonás es un buen punto de partida para averiguar cómo.

Capítulo 2

Considéralo un privilegio

«Vino palabra de Jehová a Jonás hijo de Amitai, diciendo...»
Jonás 1:1

Tuve el orgullo de formar parte del equipo juvenil de voleibol femenino en la escuela cristiana Brook Hollow, cerca de Dallas, Texas. Digo «orgullo» porque aunque nuestro colegio conservador no permitía los pantalones cortos que los demás equipos usaban habitualmente, teníamos algo único: las faldas pantalón. Faldas pantalón rojas, largas hasta los tobillos. Estábamos a la última moda.

Ahora parece gracioso decirlo, pero de verdad pensábamos que nuestro estilo era genial. Camisetas blancas y prolijas, con números y ribetes rojos. Lucíamos tan bien con el uniforme que cuando formábamos para comenzar a jugar, estábamos seguras de que el otro equipo se sentía completamente intimidado. Al entrar a la cancha, los demás tenían que saber que éramos un equipo serio.

Sólo teníamos un problema. No sabíamos jugar al voleibol.

Cuando veíamos que la pelota blanca de cuero volaba por encima de la red hacia nosotras, tres o cuatro gritábamos: «¡Mía! ¡Mía!» Pero al gritar todas al mismo tiempo, nos asustábamos y pensábamos que la otra se encargaría. Así que retrocedíamos y nos quedábamos mirando cómo la pelota golpeaba el suelo con un sordo ruido. Otro punto para nuestro rival. Quizá *creíamos* que le pegaríamos a la pelota, pero en realidad, nadie lo hacía.

En la actualidad, los cristianos hacemos algo parecido. Nuestra apariencia es impecable. Tenemos todo el equipo adecuado. Nos movemos al ritmo de la música de adoración. Sabemos cómo batir manos santas. Tenemos Biblias y libros cristianos por toda la casa. Los domingos, vamos a la iglesia bien peinados y con la ropa planchada. Lucimos bien. Sabemos qué hacer.

Entonces, Dios nos envía Su voluntad a nuestra cancha. Una nueva misión o desafío personal. Una interrupción a nuestra rutina bien coordinada. Quizás se trate de un hijo al que le diagnostican un problema o una necesidad especial. Tal vez, sea un padre anciano que necesita que lo lleven al médico con frecuencia, o que se tomen decisiones difíciles con respecto a su cuidado permanente. Quizás, sea una tarea laboral extra, que te asignan porque la empresa ha decidido hacer más con menos recursos. Vemos que se avecina, como una pelota de voleibol que se aproxima a nosotros: cada vez más grande y difícil de evitar.

De repente, en lugar de sentirnos seguros, centrados e increíblemente cristianos, señalamos a otra persona y le decimos: «Es tu turno».

No queremos hacernos cargo.

Y sin embargo, cuando nos convertimos en seguidores de Cristo, le dijimos al Señor que haríamos cualquier cosa que nos pidiera. «No se haga mi voluntad, sino la tuya». Cuando vamos a una reunión de adoración, disfrutamos al cantarle alabanzas al Señor y declaramos que con gusto haremos lo que nos pida cuando Él disponga. Pero durante la semana, Dios comienza a revelar Su voluntad para nosotros momento a momento, día a día y decisión a decisión. Lanza la pelota a nuestro lado de la cancha; algo que no nos sentimos preparados para manejar o que no nos interesa y decimos: «¡Espera, Señor, no quise decir que haría eso!»

Es lo que llamamos una interrupción. Y no nos gusta.

Dios llamó a Jonás para ir a Nínive. Y el profeta detestaba ese lugar, quizás, al igual que tú detestas pensar en esa persona que te maltrató, en el cónyuge que te abandonó o en el delincuente que te atacó. El profeta aborrecía *Nínive*, a los *ninivitas*, y a todo lo que esta ciudad representaba. La brutalidad y la crueldad hacia Israel (en sus métodos y su reputación) hicieron que Jonás se hastiara con la sola mención divina de esta ciudad, y más aún al recibir la orden de ir a interactuar con los ninivitas.

Así que dudo que Jonás se haya sentido privilegiado al trabajar para Dios en este caso. Sospecho que no. ¿Por qué? Porque soy Jonás. Y sé que me cuesta considerar como un *privilegio* cualquier interrupción a mis planes establecidos, sin importar si es pequeña o pasajera, en especial si Dios me guía hacia alguien o algo que no me gusta. Sí, quiero servir al Señor... mientras me convenga. Sí, quiero hacer Su voluntad... hasta que me resulte un poco incómoda. Sí, quiero escuchar Su Palabra... mientras se trate de *decir* algo y no tener que *ponerlo por obra*, mientras Él no me pida que participe más de la cuenta y no signifique que tenga que desviarme demasiado de mi manera de hacer las cosas. Mientras me agrade.

Entonces, cuando «vino palabra de Jehová a Jonás hijo de Amitai, diciendo: Levántate y ve a Nínive, aquella gran ciudad, y pregona contra ella; porque ha subido su maldad delante de mí» (Jonás 1:1-2), no hace falta que un gran pez me golpee en la cabeza para imaginarme lo que pensó el profeta. No era lo que quería hacer. No quería ir allí. No le pareció bien que Dios le pidiera esta clase de misión a alguien que ya estaba bien ocupado con cuestiones importantes para Él en su tierra.

- *Nínive.* Es algo a lo que Dios te llama o que permite en tu vida que está fuera de tus planes, algún lugar donde te redirige, bien alejado del camino diseñado al que apuntabas.

- *Nínive.* Es el problema grave de salud que Dios permitió que sufras, y sabes que no solo te llama a soportarlo físicamente, sino también a ser una luz de fe y esperanza cristiana para los médicos, las enfermeras y los pacientes que conozcas, por más que no sientas deseos de serlo.

- *Nínive.* Es ver cómo la economía consume tus ahorros cuando estás a punto de jubilarte, lo cual significa que Dios no solo espera que hagas más con menos recursos sino también con confianza en Él (con gozo y acción de gracias), sin importar lo que diga tu saldo bancario.

- *Nínive.* Es la época de soltería que persiste más allá de los 30 y los 40 años, a pesar de haber orado muchos años por un cónyuge piadoso, y ahora Dios te muestra que la persona que veías como la indicada no lo es.

- *Nínive.* Es esa etapa de la vida a la que no quieres entrar, esa sensación de observar cómo se desvían tus propios planes mientras otro inesperado y menos conveniente comienza a formarse a tu alrededor.

¿Acaso no *detestas* cuando sucede algo así?

Las interrupciones suponen trastornos, cambios de programa, frustración por no poder hacer lo que quiero. El diccionario las describe con palabras como «frustraciones», «dificultades» e «inestabilidad». Las interrupciones son malas. ¿Quién no querría evitarlas por cualquier medio posible? Son un problema. Solamente provocan problemas. Por eso, la palabra *interrupción* tiene una connotación tan negativa, ¿verdad?

Sin embargo, las interrupciones solo son negativas si consideramos que la persona, el problema o la circunstancia que se nos impone es de menor valor o interés que lo que ya estábamos haciendo. Es como escuchar que suena el teléfono cuando estás saliendo de tu casa o entrando a bañarte. Si es un vendedor que no comprende por qué no te interesa agregarle *2500 canales* a tu paquete de televisión por cable, es una interrupción descortés. Lo único que logra es atrasarte cinco minutos más. Pero si es una pareja de la iglesia y te dice que Dios les ha puesto en el corazón la carga de darte *2500 dólares* para tus necesidades, no es una interrupción en absoluto.

El mismo teléfono. La misma hora. Una sensación completamente distinta. Es una cuestión de valor.

Podemos resumirlo de la siguiente manera:

Persona insignificante + tarea insignificante = interrupción

Si la persona que intenta sacarte de tu actividad actual no es demasiado importante para ti o quizá incluso te resulta un poco molesta, y la tarea que quiere que realices o consideres no te gusta, enseguida la catalogas como una interrupción, una molestia. Sin embargo, si lo que te distrae te parece más interesante que lo que estás haciendo, no ofreces resistencia ni lo toleras con renuencia. *Decides* hacerlo. Quieres ver adónde puede llevarte.

Y como el que tiene la última palabra en nuestra vida es Dios y, por lo tanto, cualquier tarea que nos asigna representa Su voluntad para nosotros (es decir, ¡es lo mejor que podríamos hacer en este momento!), entonces necesitamos cambiar nuestra definición de *interrupción* en cuanto a Su guía en nuestra vida.

Persona significativa + tarea significativa =
intervención divina

Claro, tu plan era excelente. El recorrido que habías diseñado era admirable. Pero no sabemos cuán fantástico es el destino donde Él intenta que lo sigas.

Ahora, déjame detenerme para decir algo importante. Al cambiar nuestra terminología y hablar de una «intervención divina», no digo que Dios siempre la produzca. Si tu cónyuge te dejó y pidió el divorcio, es evidente que el Señor no quiso esto para tu matrimonio. Pero no te quepa duda: Dios lo ha visto y está al tanto. Ha permitido que este dolor agudo entre a tu vida por alguna razón que sólo Su divina providencia conoce. Y aunque no puedes comprenderlo ni encontrarle sentido a lo que sucede, lo importante es si confiarás o no en Dios aun en medio de estas pésimas circunstancias y te rendirás a lo que Él ha permitido. Ya imaginas lo que sucederá si no lo haces. Me pregunto qué podría suceder si simplemente... lo hicieras.

Quizá, el trabajo de tu esposo lo obliga a trasladarse a otro lugar cada varios años. Si sólo decides verlo como una interrupción, la frustración te paralizará. Sin embargo, si lo ves como una intervención divina, se abrirán tus ojos a las nuevas oportunidades que presenta cada mudanza.

Tal vez tu vecindario, donde antes vivía, en su mayoría, gente de una sola raza, ahora ha comenzado a incluir más inmigrantes y otras nacionalidades. Si tú y tu iglesia desprecian esta interrupción a sus rutinas y expectativas establecidas, sin duda, perderán la oportunidad de alcanzar a las personas que Dios les ha enviado. Sin embargo, si lo consideras una intervención divina, lo más probable es que veas que el gran alcance de la voluntad de Dios para tu ministerio incluía mucho más de lo que pensabas.

Quizás, solo tengas que lidiar con tus suegros problemáticos de vez en cuando, pero te dicen que este año les gustaría visitarte para el día de Acción de Gracias. Si esta interrupción a tus planes te hace echar humo, pasarás todo el día feriado deseando estar en otra parte, pero si lo consideras una intervención divina... bueno, quizás sigas deseando estar en otra parte, pero al menos podrías ver la oportunidad subyacente que Dios te da en este día «festivo».

Tu respuesta en momentos como estos indica si estás totalmente comprometido con Dios: si te rendirás por completo a Él o si huirás como Jonás hacia donde quieras y terminarás en un lugar peor del que estás.

Si te muestras reacio a lo que Dios te pide hoy (una nueva responsabilidad, otra carga, una incógnita alarmante, una conversación incómoda inminente), esto indica la importancia que le adjudicas a Él y a Su voluntad. Es sencillo *decir* que Sus planes son el centro de tu esfuerzo. Otra cosa es ponerlo en práctica, participar con Él aun cuando te invite a hacer algo que no comprendes y quizá no hayas escogido.

Lo que para alguien es una interrupción, para otro es una intervención divina. Lo que para uno es un problema, para otro es un privilegio. ¿Qué clase de persona quieres ser?

¿Una divina qué?

Hace poco, vi un boletín informativo matutino, parte de una serie sobre las religiones del mundo. La corresponsal filmaba esta parte en Hong Kong, en un santuario al lado de la montaña, donde había una inmensa estatua de Buda hecha en bronce. Dijo que para filmar junto con su equipo, había tenido que subir más de cien escaleras, al igual que cualquier peregrino que quiera acercarse a este lugar de oración. Deben subir para llegar a su dios, en busca de una sensación de propósito e iluminación espiritual, en busca de la razón por la cual son importantes en el mundo. Buda no baja para acercarse a ellos.

Bueno, nuestro Dios (el único Dios verdadero) sí que está sentado en un trono. En las alturas y exaltado, vive y reina sobre todo. Sin embargo, está dispuesto a bajar. Me cuesta creerlo. Nos proporciona el *privilegio* asombroso e impresionante de saber que desea relacionarse con nosotros, al entrar en nuestras circunstancias turbulentas y guiarnos a una mayor profundidad en Él, al darnos una directiva divina que nos permite participar con Él en Sus planes eternos, incluso en el laboratorio de nuestra vida individual. Sí, Su intervención puede parecer frustrante ahora. Quizás parezca aburrida, alarmante, nerviosa, incómoda, embarazosa o aun dolorosa. Pero si sabemos (si sabemos de verdad) que servimos a un Dios bueno, amoroso, que *interviene en forma divina,* y que es «...justo en todos sus caminos y misericordioso en todas sus obras» (Sal. 145:17), podemos ver más que sólo un problema. Vemos un privilegio.

Por eso, cuando leemos que «vino palabra de Jehová a Jonás», somos testigos de un milagro absoluto en acción. Que Dios hablara y le permitiera a Jonás oírlo ya es algo increíble. Cuando el Dios del universo le permite a un simple humano participar de lo que Él hace, esa persona está en una posición increíblemente privilegiada, ¿no te parece? Claro, Dios podría dejarnos librados a nuestros propios recursos, a nuestros precarios planes y estrategias humanas, pero decide darnos la oportunidad de participar de los suyos. Es fácil olvidar que el deseo de Dios de relacionarse con nosotros no pierde valor solo porque te lo enseñen el primer día que vas a la iglesia. Sigue siendo un milagro. Siempre lo es.

Como creyentes en Jesucristo, es un privilegio escuchar la voz de Dios, percibir el movimiento de su Espíritu Santo: un honor que no todos disfrutan, solo los hijos adoptivos del Padre celestial. Para nosotros, es un privilegio ver las circunstancias y discernir cómo Dios obra en ellas; reconocerlas como más que casualidades, como el diseño y el plan cuidadoso de Dios; ver que nos permite cooperar con Él para hacer surgir vida de la muerte, crecimiento de la pérdida y testimonio de la tragedia.

Cuando Dios quite el velo de tus ojos de esta manera y comiences a reconocer su mano en todo, verás que no interrumpe tu vida para quitarte el gozo. La «palabra de Jehová» está diseñada para reestructurar tus propósitos y lograr que Él haga a través de ti lo que no puedes hacer solo.

Y por supuesto, como Jonás, podemos ser obstinados en nuestras opiniones. A veces, somos arrogantes y hostiles frente a lo que Dios nos pide, pero a menudo, el mayor milagro que el Señor puede obrar a tu favor está en tu propio corazón. La Biblia dice: «Deléitate asimismo en Jehová, y él te concederá las peticiones de tu corazón» (Sal. 37:4). No significa que siempre obtendremos lo que queremos ni alcanzaremos posiciones que nos agradan. Sin embargo, si nuestro mayor deseo es escuchar la «palabra de Jehová» sin importar cuál sea, Él ha prometido cambiar nuestros juicios de valor hasta que lo único que anhelemos sea lo que Él anhela, hasta estar completamente convencidos de que cualquier situación que nos permita enfrentar es más importante que nuestra actividad anterior. ¡Hasta nos dará flamantes deseos nuevos! Un día, levantaremos la mirada y nos sorprenderá encontrarnos cara a cara con aquello que pensamos que nunca querríamos... y comprenderemos que después de todo, no estaba tan mal.

Si no nos remitimos a Él de esta manera, perderemos gran parte de la vida enojados con los demás, con nosotros mismos e incluso con Dios por no dejarnos lograr lo que nos propusimos. Quizás no sea la mejor época de tu vida, pero permite que la «palabra de Jehová» llegue a ti. Sé flexible con tus propios planes y prepárate para rendirte a los divinos. Considera que Sus planes son más importantes, más deseables que cualquier cosa que podrías soñar. Se ha acercado a ti en forma intencional y deliberada porque te ama y sabe que la mayor seguridad para ti se encuentra dentro de Su voluntad.

No mires ahora, pero tu interrupción acaba de transformarse en una intervención divina.

Nínive o nada

Durante la primera mitad del siglo VIII a.C., en la época de Jonás, Nínive era una de las principales provincias de Asiria. Los asirios tenían una reputación de crueldad física y psicológica sobre sus enemigos, y entre ellos se encontraba Israel. Un comentarista escribe: «Es razonable suponer que en una de estas expediciones a Israel, los asirios hubieran sitiado Gathefer, de donde provenía Jonás. Quizás, destruyeron la ciudad y asesinaron a muchos de sus habitantes. Tal vez, algún ser amado del profeta sufrió y murió en ese momento. Es posible que incluso haya visto morir a sus padres cuando era pequeño».[1]

Nunca olvidaré a una pareja ruandesa que se acercó a pedir oración en la iglesia hace muchos años. Habían sido evacuados, junto con otros sobrevivientes, durante una serie de asesinatos en su país. Lo más trágico de su huida a la seguridad es que debieron dejar atrás a sus propios hijos, sin saber si estaban vivos o muertos, o si volverían a verlos. El dolor de los ojos de esa madre. Las lágrimas que caían por el rostro de ese padre. Nunca lo olvidaré.

Aunque solo podemos especular sobre los detalles de cómo afectaron a Jonás estas torturas a mano de los asirios, sí sabemos que Israel había recibido un trato brutal de su parte, haciendo que la sola mención de «Nínive» provocara tremenda amargura y pavor a cualquier israelita... incluso a Jonás. Sin embargo, allí lo llamaba Dios: a Nínive; a dejar atrás a sus amados compatriotas, todo lo conocido, además de su mayor deseo en la vida, para ir a predicar la palabra de Dios a sus enemigos declarados.

En este momento particular de la historia, Asiria estaba en medio de un período de debilidad nacional. Y nada le hubiera gustado más a alguien como Jonás que ver cómo este deterioro momentáneo la destruía por completo. Lo último que esperaba y, por cierto, lo último que deseaba, era tener que irritarlos o ayudarlos. Sin duda, era una tarea difícil.

Así que considera el espanto y el odio que corrieron por el cuerpo de Jonás cuando el Señor comenzó a revelarle y a clarificarle su mandamiento ministerial. Probablemente haya sentido tanto temor como aversión.

¿Nínive? Jamás.

¿Imaginas cómo debe de haberse sentido? Por supuesto que sí. ¿Alguna vez te pidieron que hicieras lo que siempre dijiste que «nunca» harías?

- «Voy a ayudar, pero no me hagan hablar en público».
- «Estoy disponible para cualquier área de servicio, menos con los indigentes».
- «Mientras mi esposo solo forme parte del personal de la iglesia estaré bien, pero no quiero ser la esposa del pastor principal».
- «Señor, te seguiré siempre y cuando consiga esposo antes de los 35 años».

Todos tenemos un Nínive propio.

Para ti, quizás sea un *lugar* real adonde Dios te llama: un ministerio con jóvenes de zonas marginales, en las cárceles, con los ateos en Internet o en el extranjero. Puede ser un llamado a entablar una relación con personas que tienen una forma de pensar o un trasfondo de vida sumamente diferentes de los tuyos, o que no frecuentan tus círculos congregacionales.

Quizás, Dios te envíe a una *persona* en particular. Tal vez, te llame a perdonar a alguien que te lastimó profundamente: un ex cónyuge, un amigo traicionero, un padre abusivo. Y con solo pensar en hacerlo se revolucionan tus sentimientos. Parece un caso perdido, una tarea sin sentido. No ves que pueda resultar nada bueno. O quizás sí, pero no quieres la responsabilidad de hacer lo necesario para lograrlo. Para ti, lo más probable es que vuelvas a salir lastimado, que te traicionen o te desilusionen. No quieres ir y, como Jonás, se te ocurren un millón de razones para quedarte o huir.

Es una interrupción no deseada. Lisa y llanamente.

Y sin embargo, la «palabra de Jehová» vino a ti, como le sucedió al profeta. Constantemente, Dios te ha abierto los ojos a pasajes que te llevan por este camino. Aparece de continuo en los sermones dominicales y en los grupos de estudio bíblico. Quizás, encontraste un programa en la radio cristiana, o incluso una historia que viste «por casualidad» en las noticias o en una película, y fue como si el Espíritu te aguijoneara, recordándote una vez más lo que te pidió.

Amigo, no se trata de una interrupción. Es una intervención divina. Es el privilegio de caminar en comunión con el Único que te llevará a un lugar desolado para que veas la esperanza de Dios en su forma más elemental y redentora. Te llevará a un lugar impío para que puedas ver al Espíritu Santo levantarse en ti y transformar tanto una situación imposible como vidas. No queremos ir a «Nínive». Nadie quiere. Pero al correr y escondernos, quedamos afuera de lo que Dios hace en este momento.

Es lo que casi le sucede a Jonás.

El poder del privilegio

Lo interesante en la situación de Jonás es que la «palabra de Jehová» que vino a él (Jonás 1:1) no se parece a la que en general vemos en la vida de otros profetas del Antiguo Testamento. Cuando aparece en la mayoría de los libros proféticos y Dios les habla a otros de sus mensajeros, «la palabra» casi siempre significa «el testamento» del Señor. Se parece más a una proclama. Pero en el caso de Jonás, significaba otra cosa: «la instrucción» divina.[2] No era solo un dato santo que tenía que comunicarles a otros al predicarles como siempre. Esta «palabra» representaba un mandato personal que el profeta tenía que obedecer; y eso lo derrumbó.

Es mucho más fácil obedecer a Dios en calidad de asesor. No nos cuesta demasiado decirles a los demás cómo tendrían que manejar situaciones, si no tenemos que afrontar las consecuencias nosotros. A mí me resulta mucho más sencillo pararme en una plataforma y hablar de la Biblia y de cómo tienen que vivir los demás, que evaluar si yo estoy viviendo de acuerdo a esas mismas normas. Es mucho más fácil perseguir a mis hijos para que hagan la cama que ordenar las cobijas de la mía.

Miramos a Jonás y vemos un hombre que actuó con debilidad y sin convicción. ¡Qué cobarde! ¡Qué poco perseverante! Sin embargo, cuando nos llega una «instrucción» similar (cuando «Nínive» representa algo difícil, doloroso y arriesgado en lo personal) no nos desesperamos por obedecer.

Si Jonás se hubiera dado cuenta de que se trataba de una *intervención divina,* quizás habría reaccionado con más confianza y sumisión. Y en nuestro caso, si supiéramos que a menudo las interrupciones contienen el privilegio de asociarse con Dios en propósitos que nunca podríamos concebir desde nuestra posición limitada, tal vez veríamos nuestra circunstancia con otros ojos. Quizás seguiríamos al Señor, confiaríamos en Él, aun cuando todo nuestro ser nos impulsara a subirnos al primer barco. Creer que las interrupciones de la vida (las interrupciones divinas) son un privilegio no solo nos ayuda a manejarlas de otra manera sino también a esperarlas con entusiasmo. Saber que tenemos la oportunidad de participar de los propósitos de Dios tendría que producir una inmensa anticipación del próximo paso divino.

Así lo hizo Margaret Stunt. Es una querida mujer que conocí mientras ministraba en Australia y tenía una sonrisa tan brillante como el sol que iluminaba la bahía de Sidney. Por eso, me sorprendió tanto enterarme de la situación terrible que había enfrentado recientemente. Todo comenzó mientras vivía feliz en Londres, disfrutaba de la familia de su hija y de cuatro nietos, cuando a ella y a su esposo les pidieron que fueran a trabajar en una iglesia de Sudáfrica. Margaret estaba rehabilitándose de una cirugía de rodilla, así que un viaje internacional no estaba en los planes... hasta que se chocaron con la orden del Espíritu en Hebreos 10:39, de no ser como los que «retroceden» sino como los que «tienen fe» para seguir a Dios adonde Él guíe, sin importar el precio. A pesar de las muchas ventajas de permanecer donde estaban, y de las dificultades reales y potenciales de seguir el llamado divino, estuvieron dispuestos a responder; libres para obedecer.

No fue fácil. Además del esfuerzo físico del viaje, tuvieron que hacer muchos recortes, pero no les importó. Tomaron la interrupción como una intervención divina. Regalaron la mayoría de sus pertenencias (¡y las sillas de comedor nuevas!), a excepción de algo de ropa, zapatos y fotografías, dejaron atrás el hogar, los amigos y la familia para unirse a la obra de Dios en una cultura y un contexto completamente nuevos.

Su experiencia en Sudáfrica estuvo llena de pruebas y malestares. Por ejemplo, cuando llegaron, encontraron un país con cortes de electricidad generalizados. Incluso en la pensión donde se quedaban, la inestabilidad eléctrica produjo desafíos creativos que hicieron que la vida cotidiana se volviera pesada por momentos... tanto como para que «echarse atrás» resultara una reacción refleja atractiva. Sin embargo, Dios obró en gran manera a través de ellos en medio de la interrupción. Entre otras cosas, Margaret estableció un ministerio para mujeres en una prisión en Pretoria, y vio cientos de vidas transformadas por el toque misericordioso de Dios.

A poco más de un año de instalarse allí, el director de Mercy Ministries, una red de hogares para jovencitas con problemas en distintas ciudades estadounidenses y varios lugares internacionales, le pidió a Margaret que considerara asumir como directora ejecutiva de un nuevo centro en Australia. Percibieron el llamado de Dios a aceptar y, como habían estado cerca de la maravillosa obra de Nancy Alcorn y su equipo, solicitaron (y recibieron) visas de cuatro años y volvieron a trasladarse al otro extremo del continente a fin de la primavera.

Sin embargo, cuando llegó el otoño y poco después de que Margaret cumplió 60 años, se hizo evidente que el hogar de Australia no funcionaría. Era el momento de mirar al cielo y exigir una explicación, de preguntar cómo esto podía ser mejor que su vida feliz en Inglaterra, antes de que Dios la arrastrara tan lejos y la abandonara en lo que parecía ser un final fracasado y deprimente. En cambio, se aferró a la Palabra y confió en la promesa divina de que Él nunca daría un mandamiento «demasiado difícil» para cumplir (Deut. 30:11) o menos provechoso que las actividades anteriores.

Entonces, me encontré con ella en Australia; tenía una sonrisa de oreja a oreja sin razón alguna. A pesar de todo lo que había acontecido y de las interrupciones que había enfrentado, estaba inmensamente satisfecha porque el Señor la había guiado a formar parte del personal de la universidad de liderazgo de Hillsong International en Sidney: un ministerio de la iglesia Hillsong, conocida a nivel mundial por su excepcional música de adoración y su corazón inclinado a Dios. Allí sigue irradiando el amor del Señor e invirtiendo su vida para alcanzar a los perdidos y preparar a los santos. Es cierto, fue un viaje lleno de baches y con muchas intervenciones divinas, pero de no ser así, no sabe si habría tenido esta oportunidad maravillosa.

Cuando seguimos a Dios en nuestras interrupciones y nos alejamos del impacto inicial para darnos cuenta de que la situación es más de lo que aparenta, podemos decir (como Margaret): «No sé cuál será mi próxima tarea, pero quiero estar donde Dios me envíe».

¿Es ese el verdadero deseo de tu corazón? Entonces, comenzarás a ver cada interrupción como una intervención divina.

El llamado de Dios para ti y para mí (al igual que su llamado para Margaret Stunt y Jonás) significa que nos ha escogido especialmente para hacer lo que nos pide. Puede parecer imposible, pero te ha señalado y separado como su compañero para este proyecto particular. Quizás parezca una tarea insoportable, pero Él desea mostrar su gloria a través de ti, aun en medio de tu debilidad y tu quebranto. Dios se ha propuesto darte el alto honor de elegirte como el indicado para una tarea con repercusiones celestiales: una asociación divina que producirá resultados maravillosos para ti y para el reino del Señor, aunque no sean ostentosos ni llamativos. Pero eso no es lo más importante, sino rendirse a Su voluntad. Siempre saldremos victoriosos si nos entregamos.

Así que esta fue la instrucción para Jonás: «levántate» y «ve», no a cualquier lugar, sino a Nínive; a un lugar que le parecía no tener esperanza de restauración. El profeta sentía que no podía cambiar nada allí. Sin embargo, ahí lo enviaba Dios.

¿Sientes que Dios te pide demasiado? Al escudriñar el paisaje de tus circunstancias presentes, ¿te resulta difícil creer que esto es lo que te depara la vida? ¿Acaso el Señor espera que surja algo prometedor de esta situación que te oprime y te hace sentir atascado? ¿Habrá algo que te resulte más indeseable en ese momento?

Si Dios no fuera a lograr tanto significado, potencial y restauración en medio de esta circunstancia, tienes razón: sería una tragedia. Pero con todo lo que quiere alcanzar en ti en esta época vital y difícil, puedes cambiar tu visión de las cosas.

Considéralo un privilegio.

CAPÍTULO 3

La historia de tu vida

«Él restauró los límites de Israel desde la entrada de Hamat hasta el mar del Arabá, conforme a la palabra de Jehová Dios de Israel, la cual él había hablado por su siervo Jonás hijo de Amitai, profeta que fue de Gat-hefer».

2 Reyes 14:25

Bueno, ahora cuéntame un poco sobre tu vida.

Tienes cierta edad. Vienes de determinado lugar. Tienes una familia: cónyuge, hijos, nietos... o no. Tienes trabajo. Vives en determinada zona o vecindario. Asistes a alguna iglesia. Así nos describimos en general. Los detalles en el currículum. Llena los espacios.

Más o menos, así lo hacemos siempre... A menos que surja algo que cambia nuestra historia.

La biografía de Jonás no era distinta. De la letra pequeña de 2 Reyes 14:25, lo único que obtenemos es su nombre, su antecedente religioso, el nombre de su padre, su ciudad natal y su profesión. Cinco cosas, agradables y normales. Nada más... Hasta que surge algo que cambia su historia en forma radical.

Quizás alguna vez, *tu* vida podía definirse en categorías generales e inclusivas. Casada. Tres hijos. Participa en la asociación de padres y alumnos. Taxi. Luego, quedaste embarazada de tu cuarto hijo. Y aunque todo parecía habitual y sencillo, de repente, el corazón de tu bebé se detuvo a los seis meses de embarazo. Dejó de ser la misma historia que habías escrito hasta el momento.

Tal vez, como le sucedió a mi amiga Stephany, tu esposo estaba en el segundo año de residencia cuando se convenció de que Dios lo llamaba a dejar la medicina y entrar en las misiones a tiempo completo. Estabas preparada para estar casada con un doctor. Una casa hermosa y grande. Escuela privada. Una vida social activa. Ya tenías preparados sustantivos y adjetivos para describirte toda la vida. Y ninguno combinaba con la palabra «misionera».

Quizás, tus planes financieros siempre incluyeron que los dos trabajaran hasta jubilarse, para que el futuro saliera como esperabas. Viajar. Ofrecerse de voluntario. Trabajar en el jardín. Sin embargo, al ver a tu hijo viudo que lucha con las opciones de cuidado infantil para sus dos hijos pequeños, percibiste que Dios te pedía que te ofrecieras a ayudar. Así que renunciaste a tu trabajo para quedarte en casa a cuidar a tus nietos, aunque no sabías si podrías manejarlo, tanto física como financieramente, ni de lo que significaría en el futuro.

Tal vez, alguna vez te resultó difícil ser la última soltera entre tus hermanos, incluso más jóvenes que ti. Pero con el correr del tiempo, al ver tantos fracasos matrimoniales a tu alrededor (el de tu hermano mayor, el de tu mejor amiga de la infancia, incluso el de tus padres luego de 38 años), tienes cada vez más recelo de lo que solías anhelar con todo el corazón. Ser la tía divertida no está tan mal. Entonces, ¿por qué trae Dios a esta persona a tu vida ahora, a esta edad, cuando ya ni siquiera sabes si quieres casarte?

De una u otra manera, el argumento de tu historia ha sufrido un giro inesperado o dos… o diez. Ya sea un llamado espiritual de Dios o una complicación grave en la vida, tus planes fueron interrumpidos y todo cambió desde entonces. Esta «intervención divina» te cambió para siempre.

No es mi intención minimizar la gravedad de tu situación con lo que voy a decir. Pero, ¿acaso no es esta dinámica la que le otorga interés a una historia: el cambio que ocurre en los personajes cuando se enfrentan a un obstáculo en la vida? En la clase de Lengua de la escuela solían decirnos que toda historia gira sobre un conflicto. Todo buen guión cinematográfico u obra de ficción contiene por naturaleza una crisis: algo que enfrentar, sortear y superar; algo que cambia a una persona, una familia, una ciudad, aun una nación. Si no hay interrupciones en lo habitual, es solo un programa de televisión de los lunes a las 8:00. Otra novela insulsa con número de serie y un precio de venta. Para que una historia tenga una verdadera repercusión y logre que deseemos leerla, mirarla y contarla a nuestros amigos, tiene que haber una interrupción.

Piénsalo. Casi todas las personas de la Biblia cuya historia dejó una marca duradera enfrentaron una interrupción importante en sus vidas. Se encontraron en una encrucijada y tuvieron que decidir si se rendirían a la intervención divina o seguirían por su propio camino. Antes, eran solo un nombre en una página. Luego del suceso, hicieron historia y se transformaron en una inspiración.

- *Noé* tuvo una interrupción. Fue arrebatado de un cómodo anonimato para vivir una etapa de desafíos molestos con un resultado desconocido: Dios lo llamó a construir una enorme estructura flotante que jamás había visto ni conocido. Alguien que habría muerto y se habría perdido en las crónicas de la historia se transformó en cambio en un nombre que todavía se identifica con la fe incondicional y la obediencia inquebrantable.

- *Abraham* tuvo una interrupción. Dios le mandó que dejara atrás a su familia y sus amigos, y se embarcó en un viaje audaz sin un *GPS*, que lo condujo al establecimiento del pacto de Dios con su pueblo escogido.

- *Sara* tuvo una interrupción. Si yo me sorprendí al enterarme de que estaba embarazada de nuestro tercer hijo, no puedo imaginar la conmoción de Sara al escuchar que daría a luz a su *primer* hijo a la madura edad de 90 años. Hoy, esta mujer que se rió con incredulidad de la interrupción de Dios deja atrás su legado como una de las «santas mujeres» de antaño «que esperaban en Dios» (1 Ped. 3:5).

- *José* tuvo una interrupción. En medio de un día común y corriente con sus hermanos, lo arrojaron a un pozo, lo abandonaron y lo vendieron a mercaderes de esclavos que se dirigían a Egipto. Solo Dios podría escribir una historia que lo llevaría a la cima del liderazgo allí, hasta poder rescatar a su familia desamparada de una terrible hambruna.

- *Moisés* tuvo una interrupción. Estaba muy tranquilo, cuidando ovejas en el desierto de Sinaí, cuando se asombró al ver la señal de humo de la presencia de Dios, que lo llamaba a pasar del cuidado de un rebaño a otro (humano). Una vida malgastada y trágica se transformó en el instrumento divino para librar a su pueblo de más de 400 años de esclavitud.

- *Los discípulos de Cristo* tuvieron una interrupción. Debieron dejar sus tareas, exigencias, ocupaciones y relaciones habituales para dedicarse de lleno a seguir a Cristo como Sus compañeros más cercanos. Para todos ellos, significaría la persecución y la muerte, y sin embargo, sería también la oportunidad de caminar en comunión íntima con el Maestro y de inspirar a millones a desear lo que tuvieron, a conocer a Jesús a toda costa.

- *María,* quizás más que nadie, tuvo una interrupción. Mientras preparaba su boda, un ángel la visitó diciendo: «Tengo otros planes para ti: planes que te transformarán en una parte personal del suceso que definirá toda la historia humana».

- Y *Jonás*... Jonás tuvo una interrupción. Llamado de una vida cómoda como profeta en la nación que amaba a un país desolado y un grupo de personas que detestaba, lo que menos imaginaba era que el mayor avivamiento de la historia humana supondría su obediencia individual.

El mismo Dios que intervino en personajes de la Escritura como David, Ester, Pablo y Jonás ha supervisado tu vida y tus interrupciones. Por supuesto, no todas las interrupciones fueron placenteras. Prácticamente ninguna vino sin algún desafío extraordinario (incluso las buenas). Y sin embargo, es lo que preparó a estas personas para que Dios contara una historia mediante ellas que nunca habrían podido relatar de otra manera.

¿Y si tu historia más irresistible solo pudiera escribirse con la tinta de tu interrupción más reciente? ¿Vivirías para contarla? ¿O desafiarías a Dios por imponerte ese papel en la trama?

Una tragedia de mensaje

J. P. no solo creció en la iglesia; creció con una relación profunda con Cristo, buscando con diligencia el llamado del

Señor para su vida y lo encontró como joven teniente de la marina, en misión para Dios y para su país.

Hoy, su misión está en una prisión estatal en el centro sur de Florida: no como un miembro devoto de la iglesia que dedica su tiempo al ministerio carcelario, sino como preso en cadena perpetua, sin posibilidad de libertad condicional.

Todo se debió a circunstancias imprevisibles. Se había casado poco tiempo atrás con una mujer que ya tenía dos hijas pequeñas de un matrimonio anterior. Y justo cuando J. P. pensó que podía establecerse en una amorosa familia mixta, el ex esposo de su mujer (un supuesto abusador) comenzó a pedir en los tribunales una mayor custodia de sus hijas. Todo indicaba que recibiría una respuesta favorable y que este hombre, a quien su ex esposa consideraba como un peligro para sus hijas, ahora podría llevárselas en intervalos planeados. Sin supervisión.

Nadie sabe qué sucedió en la mente de J. P. cuando esta realidad comenzó a acercarse, quizás ni siquiera él; pero un domingo por la tarde, a plena luz del día, mientras un grupo de gente almorzaba en un restaurante de Orlando, J. P. le disparó a este hombre en la playa de estacionamiento y lo mató. Cuando el caso llegó al jurado en juicio, se lo declaró culpable de asesinato en primer grado. Lo encerraron de por vida.

Los padres de J. P., Gene y Carol Kent, eran fieles miembros establecidos y espirituales de su iglesia y su familia extendida. El curriculum de Carol como escritora cristiana y oradora solicitada la hacía aparecer con frecuencia en conferencias y en folletos para retiros de mujeres. Sin embargo, busca su nombre en Google ahora y encontrarás mucho más que títulos de libros, promoción e itinerarios de conferencias. Encontrarás una historia de horror, de angustia e incredulidad. Pero lo más importante es que verás la obra firme, comprobada y vigorizante del poder y las promesas de Dios. Incluso en sus circunstancias actuales (como lo describe el título de uno de sus últimos libros: *A New Kind of Normal* [Una nueva definición de normal]), a menudo al borde de las lágrimas, ha encontrado una voz que nunca antes tuvo.

Antes de su «intervención» abrumadora, alguna mujer se le acercaba con un corazón roto y apelaba a ella como la escritora, la oradora, la mujer cristiana y centrada. Probablemente, Carol le compartía sus cinco pasajes bíblicos favoritos sobre el consuelo del Espíritu Santo, le daba unas palmaditas en la espalda y la despedía. Ahora, quizás vaya al baño de visitantes en la prisión luego de mirar cómo su hijo vuelve a su celda, y encuentre allí a otra madre, deshecha en lágrimas. No cita las Escrituras, no pretende tener todas las respuestas. En silencio, le toma la mano y la abraza, en una invitación abierta a esta comunión del sufrimiento.

Aquí, nadie conoce a Carol. Es solo otro ser que sufre y llora... uno de los muchos en este calabozo de puertas estruendosas y ecos solitarios. Sin embargo, al mirarse a los ojos y compartir sus historias, descubre algo tan profundo como doloroso: «Mi tragedia se ha transformado en mi mayor mensaje».

Cuando ministra a las personas hoy en día, su historia se trata de la redención de Dios, pintada contra el lienzo crudo y contrastante de la desesperación, la agonía y la desesperanza. Carol podría pensar que sus circunstancias son demasiado vergonzosas como para compartir. Sería mucho más seguro aislarse de los recuerdos y los sentimientos dolorosos, abandonar la pluma de su testimonio y desear que el guión fuera diferente... O quizás, que jamás se escribiera. Sin embargo, cuando se presenta frente a grupos o individuos con todo al descubierto (el enojo, el espanto, la desilusión, el temor), Dios cuenta a través de ella una historia que cautiva audiencias. Ya no es solo una oradora más, otra charla inspiradora en medio de un almuerzo habitual. Su tragedia crea un mensaje que hace resurgir la esperanza en muchos a los que no habría podido alcanzar de otra manera, para gloria y alabanza de Dios.

Todos queremos tener trascendencia, dejar una marca en la vida que se recuerde mucho después de que hayamos partido... pero a nuestra manera. Queremos autonomía, independencia y la libertad para dirigir nuestros propios pasos. No nos importa que Cristo participe, mientras su camino converja con el que ya escogimos. Queremos seleccionar nuestro propio curso, perseguir nuestras ambiciones y decidir cómo nos verán los demás.

Sin embargo, sucede lo que no esperamos ni deseamos. Dios nos llama a Nínive. Un pastor que solía predicar a miles todos los domingos, ahora trabaja con dificultad en una iglesia donde como mucho, asisten 45 personas. Una madre que se preparó para ser presidenta de la empresa IBM ahora es directora ejecutiva de C-A-S-A. No es la carrera que imaginaba.

Entonces, ¿qué hacemos? ¿Cómo manejamos las desviaciones de la vida que no concuerdan con el guión que preparamos? Quizás, solo quizás, si aceptamos lo que Dios tiene para nosotros, veremos cómo nos prepara para dejar una verdadera marca.

Eso dejará una marca

Soy la hija de un predicador: no de *cualquier* predicador de *cualquier* iglesia en *algún* rincón del mundo, sino de un pastor y una congregación conocidos internacionalmente. Y cuando era pequeña, me gustaba que los demás lo supieran. Mis amigos de la infancia dicen que cuando quería ejercer alguna clase de autoridad o control, les recordaba enseguida quién era mi papá. (Qué odiosa. Me sorprende que sigan siendo mis amigos luego de esos años de fastidio).

Y aunque quisiera pensar que décadas después soy más humilde, sé lo que significa usar un resumen biográfico para formar la identidad y la trascendencia propia. Siempre supe que gran parte de mi identidad surge de un legado profundo de la familia y la fe, y me siento sumamente agradecida. Sin embargo, sería fácil ser tentada a considerarme cubierta, pensar que puedo mantenerme al fresco amparo de la estructura intrínseca de la reputación y los contactos.

Y aun así, la historia que Dios está escribiendo con mi vida, la marca que quiere dejar en esta generación y la próxima, no puede basarse solo en la información de mi certificado de nacimiento ni en mi condición de miembro vitalicio en la iglesia donde sirve mi padre. Mis seres queridos están allí haciendo la obra que Dios les encomendó y lo hacen con gran humildad y fidelidad, para cosechar mucho fruto espiritual. Pero mi marca tiene que ser propia. Puede *construirse* sobre el pasado pero también debe tener mi huella en el presente y el futuro.

Quizás te identifiques con esto. Has intentado sostener tu derecho a la trascendencia sobre la base de una lista de logros y atributos que aparecen en tu currículum, un certificado de hechos y números: quién eres, de dónde vienes, lo que haces para ganarte la vida, tu éxito, tu familia. Todo eso es bueno. Son bendiciones para celebrar. Pero si permites que estos valiosos atributos de la vida soporten todo el peso de tu valía, sufrirás tremendas desilusiones a lo largo del camino. No tienen la capacidad de llevar ese peso. Por sí solas, las listas de atributos no nos adjudican valor ni importancia.

Quizás, por otro lado, tu problema no sea un sentido exagerado de tus derechos sino una historia de vergüenza y susceptibilidad por tus antecedentes. Tal vez, como me ha sucedido en algunas etapas de la vida, *no* te enorgullecen las personas con quienes te has relacionado ni los lugares donde has estado. Quizás, *no* lograste todo lo que te gustaría o al mismo nivel de los que te rodean. Desde tu punto de vista, te parece que tu vida solo podría contar una historia de fracaso, oportunidades perdidas y los resultados amargos de la falta de oportunidades.

O tal vez, te sientes uno más del montón. Con un currículum parecido al de Jonás, poco interesante. Como el yogur que me gusta: simple de vainilla, sin ningún agregado crocante ni colorido. Nada de éxitos astronómicos. Nada de fracasos rotundos. Simplemente, un día común tras otro, sin mucho para contar.

No obstante, nada de esto importa a la larga. Gracias a Dios, no te *exime* ni te *descalifica* de encontrar la verdadera trascendencia de la única manera en que puede hallarse: al rendirse, someterse y entregarse por completo a los propósitos divinos. Para todos es lo mismo. Es imposible alcanzar la satisfacción y el éxito absolutos en la vida si no decides participar de la intervención divina y rendirte al plan soberano de Dios para ti, sin importar cuál sea.

En verdad, no estamos aquí para contar *nuestra* historia. Estamos para contar la historia de Dios. Y ninguno de nosotros es demasiado bueno, culto, cristiano o admirable como para que Él enhebre algún hilo de la trama que desea en nuestra vida, aunque esta incluya algún destino como Nínive. Dios tiene el mismo derecho de plantear desafíos en mi vida como en la de cualquier otro, sin importar quiénes sean mis padres o a qué iglesia asista. De igual modo, ninguno es tan débil, desfavorecido, invisible o insignificante como para que Él no pueda aportar algo de gran valor eterno a través de nuestras experiencias. El valor y la trascendencia no dependen de nuestro legado ni de la falta de este, sino del llamado divino y de nuestra disposición a obedecer. Eso es todo.

Podríamos resumirlo de esta manera:

Intervención divina + sumisión entregada =
relevancia eterna

Relevancia. Todos la buscamos. El hombre desolado porque no lo consideraron para un ascenso en el trabajo (otra vez)... él busca relevancia. Mallory, una camarera con el corazón roto por un noviazgo que pende de un hilo, también la busca. Un ama de casa con quien hablé hace poco también la busca... esa sensación de relevancia que a menudo queda sepultada debajo de la pila de detalles y exigencias de su vida atareada. En el fondo, *todos* buscamos relevancia. Todos queremos ser importantes. Como creyentes en el Señor Jesús, queremos saber que Dios nos ha llamado a tener alguna clase de impacto, algo que nos proporcione valor y trascendencia en la perspectiva global de nuestra vida.

Y vaya sorpresa, las interrupciones de la vida son la cura para esta búsqueda.

Lo digo en serio. Cuando Dios habla, cuando interviene y permite que una circunstancia surja a tu alrededor, es tu oportunidad para escribir una historia de la cual las personas sigan hablando durante muchos años. Como en el caso de los santos héroes de las Escrituras, tu historia de intervención divina, la que te doblegó en frustración, podría asombrar y sorprender a los demás por tu fortaleza y tu tenacidad, y hacer que vean el destello de sustancia, significado e impacto en tu vida. Podría ser la parte de tu historia que aliente a otro a tomar su propia decisión de seguir a Dios con firmeza y quizá reescribir el guión de toda su familia, reemplazando un legado de rebelión con un futuro de fidelidad confiada.

Así que acéptalo. Sigue la guía divina... por imposible que parezca. Deja que Él te lleve, incluso a lugares que sinceramente no te gustaría ver. Quizás no comprendas qué tiene en mente, pero si lo sigues, terminarás exactamente adonde te quería. Conseguirás una relevancia mucho mayor que *ti mismo*, porque no se apoya en tu inteligencia, ni en tu planificación ni en tus estrategias, sino en tu sumisión absoluta a los planes eternos y sabios del Padre... planes que son «más altos que los de ustedes» (Isa. 55:9, NVI), y que sobrepasan lo que «pedimos o entendemos» o imaginamos (Ef. 3:20).

Bueno, sé que a veces puede ser sumamente difícil, desgarrador e intenso. Quizás, nunca antes enfrentaste algo tan sobrecogedor, una situación que te exija tanto o te lastime tan profundamente. Sin embargo, con el Mar Rojo frente a ti y el ejército del Faraón aproximándose a toda velocidad, tienes la oportunidad de descubrir lo que el Señor puede hacer. Te colocó en una posición difícil para que puedas ver la increíble fortaleza y suficiencia de tu Dios.

Y los demás también lo verán.

Tu vida es el relato de la historia de Dios y el reflejo de Su carácter. Entonces, ¿qué dice? ¿Qué les comunica a los demás sobre el Dios a quien sirves? ¿Te atreves a creer que hay un mensaje en esta tragedia? Probablemente, sea la mejor historia que muchos leerán jamás.

Una tarea para el Escritor

Sin duda, Jonás era mucho más de lo que imaginaba. No era simplemente «Jonás hijo de Amitai, profeta que fue de Gat-hefer» (2 Rey. 14:25). Era un hijo de Dios en medio de una intervención divina, y todo un pueblo estaba a punto de experimentar el poder de lo que esto significaba.

Sí, el mandamiento que el Señor le dio era *diferente* al que le había dado a algunos de los contemporáneos de Jonás: hombres como Amós y Oseas. Su tarea era quedarse dentro de los cómodos confines de su amada nación de Israel y ministrar a su pueblo. Por otro lado, el nuevo cometido de Jonás era abandonar su hogar y la seguridad y trasmitir el mensaje divino a un pueblo salvaje y lejano.

Además, Jonás podía argumentar que su llamado era más *difícil* que el de los demás. Por cierto, otros profetas tenían desafíos, pero no se les pedía que comenzaran una carnicería en una nación pagana, donde la audiencia ya estaba predispuesta a detestarlo. Si a los ninivitas no les gustaba el mensaje de Jonás (y todo señalaba a que así sería) pronto su cadáver frío combinaría con la frialdad de ellos. Uno no va a recriminar la maldad de sus enemigos en su territorio sin un respaldo en caso de que suceda lo peor.

¿Alguna vez miraste a los que te rodean y te preguntaste por qué tienes que soportar un camino aparentemente distinto y más difícil que el de ellos? ¿Te preguntas por qué todo parece tan fácil para los demás mientras que tú debes luchar con algo tan arduo? Tal vez pienses: «¿Por qué Dios me hace esto?»

Pero verás, tu relevancia está en juego. Mientras hablamos, Dios adapta nuestro currículum insulso. Nos ha pedido que transitemos este camino porque solo así un ama de casa, una mujer soltera, un estudiante de matemática, una abuela, una campesina, un contador público, un primo o un empleado a medio tiempo se transforma en una persona con una historia más extraordinaria que su currículum, una que solo Dios puede relatar.

No eres solo un formulario. Eres más que simples anotaciones y casilleros. Eres el hijo precioso de un Padre celestial que está vivo e interviene para que puedas demostrar Su grandeza y Su gloria. Tal vez, tu vida sea un tanto angustiante ahora o más abrumadora de lo que quisieras, pero es el marco donde la creatividad de Dios transforma a personas comunes y corrientes en clásicos eternos.

Por tanto, tu currículum no te limita ni te permite esconderte detrás de él. Al igual que Jonás, eres más de lo que crees. Y puede ser en esta interrupción (es decir, intervención) donde lo descubras.

Levanta el tintero. Dios está obrando. Déjalo escribir.

Segunda parte

A correr

CAPÍTULO 4

Sin lugar a dudas

«Y Jonás se levantó para huir de la presencia de Jehová a Tarsis».

Jonás 1:3a

Según cálculos de la industria deportiva, entre 30 y 40 millones de estadounidenses corren al menos ocasionalmente, y unos 10 millones dicen correr con frecuencia y constancia. La famosa maratón de Boston atrae hasta 25.000 participantes todas las primaveras, y parece que más que nunca, la gente (como mi asociada en el ministerio, Linnae) encuentra alguna carrera de larga distancia en la cual participar, y se las arreglan para alcanzar la línea de llegada: un camino de 42 km (26,2 millas). No sé cómo lo hacen.

Es decir, me gusta correr... un poco. Pero no soy lo que llamarías una «corredora». Ser un «corredor» verdadero y serio parece tan prestigioso, ¿no? Y sin embargo, reconozco que ese título glorioso y prometedor me queda grande porque me interesan más las horas luego de *terminar* un trayecto corto que correr en sí: cuando deja de dolerme el costado, después de una ducha, ¡y al sentir que gasté calorías extras! Mi razón para correr es clara, sencilla y sin dobleces: quiero comer pero que me sigan entrando mis pantalones vaqueros. ¿Está bien? Ahí lo tienes. Ya sé, es superficial, pero no puedes acusarme de no ser sincera.

Nadie corre sin razón. Quizás sea bajar de peso, o aumentar la resistencia y la fortaleza, o volver a lucir bien con el traje de baño. A algunos, correr simplemente los hace sentir bien. (No sé si en realidad lo creo, pero...) Les gusta la brisa en el rostro, les gusta exigirse, llegar a un segundo aire y experimentar ese momento donde vencen el cansancio y sienten que podrían seguir corriendo todo el día.

Todos los que corren tienen una razón.

Y sin duda, Jonás tenía la suya.

Cuando Dios le mandó: «Levántate y ve a Nínive, aquella gran ciudad, y pregona contra ella; porque ha subido su maldad delante de mí», las razones que se enfrentaban en la mente del profeta parecieron no dejarle otra opción: «se levantó para huir de la presencia de Jehová a Tarsis» (Jonás 1:2-3).

Al principio, su razón para huir fue una cuestión de *lealtad*. Jonás era lo que llamaríamos un nacionalista fanático, un elitista, un patriota de Israel. Y la idea misma de que Dios se interesara en una nación gentil iba en contra del norte en la brújula espiritual de Jonás.

No se trataba solo de una postura política de su parte, sino de su interpretación sincera de la palabra y el mensaje divinos a través de los siglos de su historia cultural. Pueblos como el de los ninivitas simplemente no entraban dentro de la corriente de la misericordia de Dios. Israel era el dueño exclusivo de la bendición y el favor divinos y, por lo tanto, la noción de que Dios les prestara atención a extranjeros era completamente absurda. Una falta de lealtad. Si respondía a este llamado, Jonás apenas podía lidiar consigo mismo y, mucho menos, enfrentar a sus compatriotas que pensaban como él.

Al ser profeta y conocer tanto a Dios, sabía bien (según Jonás 4:2) que esta cruzada que Jehová proponía para un pequeño predicador podía terminar fácilmente en un cambio de idea evidente de parte de estos asesinos desalmados que se habían transformado en enemigos acérrimos de Israel. Y si esa era la intención de Dios al enviarlo (si insistía en obligar a Jonás a escoger entre obedecer al Señor y ser leal a su tierra natal) el profeta elegiría a su pueblo. Allí estaba su verdadera lealtad.

A veces, la intervención divina significa quebrar la lealtad con lo que amas. Quizás, se trate de una meta a la que te has aferrado durante años: una casa con varias hectáreas en el campo, cierto nivel de ingresos, tu pasaporte para construir ese espacio sobre el garaje para tener un estudio grande y un cuarto de esparcimiento, o la imagen de «familia» que formaste en tu mente.

Tal vez sea una ambición profesional: el deseo de dejar de trabajar bajo dependencia, escribir el libro que siempre sentiste en tu interior, mudarte a una ciudad importante y tener la oportunidad de cumplir tu sueño. Sin embargo, no están resultando ser las tareas ni los caminos que Dios quiere que tomes. Él conoce cosas mejores, más fructíferas, lugares donde su bendición estará garantizada.

Siempre pensaste que sabías adónde te dirigías. Pero ahora, tu vida ha sido interrumpida, y estas metas, esperanzas y trayectorias personales tienen que subordinarse a lo que Dios tiene en mente solo para ti.

Entonces, ¿qué escogerás? ¿*Tus* planes? ¿*Tus* amores? ¿O los de Dios? ¿Dónde está tu lealtad?

Una buena manera de establecerla es observar cómo respondes a una intervención divina, en especial a la que te cuesta algo que no quieres soltar (como sucede en caso de la mayoría). ¿Seguirás a Dios, aun si te llama a «Nínive», incluso si va en contra de todo lo que querrías en este momento? Frente a esta pregunta, solo puedes rendirte o huir. No será fácil, sin importar lo que escojas. Pero una decisión promete una satisfacción peculiar en la voluntad de Dios; la otra, bueno, puede tener sus bemoles.

Además de su problema de lealtad, la segunda razón de Jonás para huir estaba relacionada con la *lógica*. Para él, las instrucciones divinas no tenían sentido... por *varias* razones. En primer lugar, si los eruditos hicieron bien los mapas, el viaje a Nínive habría sido sumamente difícil. Esta ciudad estaba a unos 800 km (500 millas) al este de donde Jonás se encontraba en Jerusalén.[3] Es decir, podría tratarse de un viaje sin retorno, aun si no lo asesinaban al abrir la boca apenas llegaba. Probablemente, tendría que vender todas sus posesiones terrenales para viajar y dejar atrás la seguridad económica y la familiaridad de su amado país para aventurarse en esta tierra pagana. ¿Por qué Dios le permitiría acumular todas estas cosas si debería dejarlas atrás?

No tenía sentido.

En segundo lugar, todo el ministerio de Jonás (como ya vimos) se había concentrado en profetizar la expansión y la prosperidad de Israel. Hasta ahora, esa había sido su misión divina. Era lo que lo entusiasmaba. Su fervor se concentraba allí. Esto lo disponía a desvelarse por la noche y estar atento a la voz de Dios para que le mostrara cómo sucederían estas cosas. No quería tener nada que ver con la posibilidad de que los ninivitas respondieran a la advertencia del juicio divino y recibieran su misericordia, porque habría sido un *obstáculo* para que Israel volviera a crecer y estabilizarse. Así que es probable que se sintiera justificado en su aversión a Nínive. Ir allí parecía opuesto a lo que, según él, Dios anhelaba para Su pueblo. En su lista de oración, no figuraba ir a Nínive ni aportar a su salud y su prosperidad.

No tenía sentido.

Probablemente, todos hemos recibido un empujoncito de Dios alguna vez para abordar una tarea o desafío que no se adaptaba a nuestra lógica. Por ejemplo, sabemos que su Palabra habla de ser generosos. Pero sin duda, Dios sabe que intentamos ahorrar para la educación de nuestros hijos, que uno de nuestros vehículos necesita reparaciones, que hay que pagar las cuentas, sin importar si la iglesia junta suficiente dinero para el nuevo edificio o no.

Quizás, hayas escuchado que el Señor te insta a aceptar su llamado para alcanzar a una «Nínive» moderna (de hecho, en grupos de estudio bíblico aliento a los demás a hacerlo): algún proyecto o persona que parezca fuera del alcance del evangelio, o que te resulte indigna de amor y de la misericordia divina por su pasado atroz o sus decisiones horrendas. Y sin embargo, francamente, esta hora de estudio bíblico una vez por semana es casi todo el tiempo que puedes separar de las responsabilidades que ya tienes con el hogar, el trabajo, la familia, etc. Si los demás supieran cómo son tus sábados, con los encuentros deportivos, la ropa para lavar y las compras que debes hacer, agradecerían que tengas la suficiente energía como para ir el domingo a la iglesia y comprenderían que no tengas tiempo para amontonar otra obligación en tu agenda ajetreada.

O quizás, en lugar de una petición directa y espiritual de parte de Dios, no le encuentras sentido a alguna circunstancia o interrupción que ha surgido en el peor momento posible. Es decir, no necesitabas que tu esposo se lastimara en la línea de producción y perdiera seis meses de trabajo, con un sueldo parcial y una hija que necesita ortodoncia, además de tener que pagarle a un vecino para que cuide el jardín durante el verano.

No tiene sentido.

Ah, sí, Jonás tenía razones para huir. No le encontraba sentido a lo que escuchaba. Esta extraña directiva no coincidía con lo que siempre le había dicho su corazón, con lo que dictaba su lealtad. No podía obedecer al mandato de Dios sin aplastar sus esperanzas y sus sueños personales.

Sin embargo, quizás Jonás no huía de Nínive en realidad.

El gran escape

Es cierto, Jonás tenía sus razones. Su lealtad estaba en juego. Su lógica se veía desafiada. Pero para comprender el eje de la motivación del profeta para partir a mar abierto y huir del mandato de Dios, lo único que necesito es pensar en mi adolescencia. Verás, para mis padres no fue sencillo criarme. Si alguna vez se desvelaban, en general se debía a algo que yo había hecho o dicho. La rebelión no me era extraña, y me esforzaba por ocultar a mis padres los detalles desagradables.

Recuerdo un día de esa época: una de esas escenas espontáneas del pasado que no tendría por qué haberse grabado con tanta claridad en mi memoria, excepto que... lo hizo. No sucedió nada especial. No fue un momento particularmente memorable. Estaba sentada en el estudio junto a mi papá, mirando televisión. Creo que en ese momento, él no sabía exactamente lo que yo había estado haciendo. No lo habíamos hablado antes, ni había sido razón para disciplinarme. Sin embargo, allí sentada frente al televisor, sin que nadie dijera palabra, una extraña oleada de convicción comenzó a latir en mi interior. Se me hizo un nudo en el estómago, comenzaron a sudarme las manos y se me llenaron los ojos de lágrimas. Algo me sucedía... al estar en la misma habitación con mi papá, quien me amaba tanto que siempre me aceptaría si le pedía perdón arrepentida. Le toqué el brazo, lo miré a los ojos y dije simplemente: «Papi, lamento mucho lo que hice».

El solo hecho de estar en la presencia de mi padre me deshizo. Me cambió.

No puedo evitar pensar en Jonás, que estaba tan cerca de la presencia de *su* Padre. La santidad increíble de Dios probablemente tuvo la misma clase de efecto. Cuando estamos en la presencia del Dios Todopoderoso, la sensación de distinción entre los dos, el reflector que enfoca sobre el mínimo indicio de rebelión... puede superarnos. Puede desarmarte y amenazar con hacerte tropezar, como un cordón desatado que baila alrededor del zapato de un niño. Si no estás preparado ni dispuesto, esta intensa santidad puede hacer que desees huir.

No solo de su Palabra, sino también de *Él*.

Coloquemos todas las razones y los fundamentos de Jonás en un recipiente, mezclémoslos para que todos vean su densidad y sustancia, y hagamos un corte en la masa, ¿sí? En realidad, Jonás no huía de lo que Dios decía, insinuaba, sugería o exigía.

Huía de Dios.

Se escapaba de la autoridad y la santidad divinas, de su responsabilidad de rendir cuentas.

Y justamente Jonás debería haber sabido que no se puede huir del Señor. Después de todo, no era un novato en las cuestiones religiosas. Sabía bien cómo obraba Dios. Sabía que era imposible escapar de Él. Formaba parte de una rara elite de hombres llamados a ser profetas, de los cuales hubo menos que cincuenta en Israel desde Moisés hasta Malaquías. Estos hombres fueron «escogidos por su sensibilidad a Dios. Seguramente, Jonás era un hombre asombroso, lleno de sabiduría y discernimiento, que caminaba cerca del Señor».[4] Conocía la verdad sobre Dios. Sabía que era en vano huir de Él. Conocía Su omnipresencia, que está en todas partes al mismo tiempo y de la misma manera en todos los lugares; siempre estaba con Jonás. Entonces, ¿para qué se molestó en considerar esta huida?

Sin embargo, es precisamente lo que hizo. «Jonás se levantó para huir de la presencia de Jehová a Tarsis» (Jonás 1:3). La frase «de la presencia de» viene del hebreo *minnéi + pané*. Se refiere a una persona que sale de una audiencia oficial con el rey. En Génesis 41:46, se utiliza la misma palabra cuando se relata que José fue presentado «delante de» Faraón hacia la tierra de Egipto.[5] Esta expresión hebrea denota que Jonás no solo huía de la «palabra de Jehová» sino que también intentaba evitar un encuentro cara a cara con Él. Quería distanciarse de Jerusalén, donde moraba la presencia tangible de Dios entre su pueblo. No quería escuchar Su voz ni ser consciente de Su cercanía.

Jerusalén: el epicentro de la vida judía, la ciudad del templo de Dios, el lugar donde habitaba la presencia de Dios. Sí, el Señor era lo suficientemente omnipresente para estar en Jope, Jericó, Tarsis o Timbuctú al mismo tiempo, pero Jerusalén era la sede de la *presencia manifiesta* de Dios, el lugar donde se encontraba el altar, el arca del pacto. En Jerusalén se expiaban los pecados, los profetas y los sacerdotes escuchaban la voz divina y estaban en sintonía con el obrar del Señor. Por supuesto, Dios estaba en todas partes, ¡pero aparecía en Jerusalén!

Esto hacía que Jonás se sintiera incómodo allí.

Seamos sinceros, a veces no queremos mirar al Señor a los ojos. Nuestra huida es en realidad un intento vano de evitar enfrentarse a un Dios santo y a Su autoridad soberana.

El otro día le pedí a mi hijo mayor, Jackson, que me ayudara a ordenar el baño, pero él no *quería* hacerlo. *Para él, no tenía sentido* que un baño tuviera que estar más limpio de lo que ya estaba. Verás, no quería que lo interrumpiera, y aunque sabía que no podría evitar que esta mujer imponente, armada de esponjas y rociadores rondara por la casa, sí pensó que al menos podía evitar una audiencia oficial con ella. De repente, ya no estaba mirando televisión a plena luz del día. En cambio, estaba metido en el armario, junto a su caja de juguetes, en un intento de escapar «de la presencia de» (*minnéi + pané*) la señora de la limpieza.

Eso era lo que Jonás quería.

Y sí que se desvivió por lograrlo.

Así que se lo ganó. El prestigioso título de «corredor». Decididamente, se lo ganó.

Tarsis

Nadie sabe con seguridad adónde se encontraba Tarsis: este lugar al que decidió huir Jonás. Sin embargo, la suposición más generalizada es que era una colonia fenicia a poca distancia de la costa de España. Y evidentemente, estaba en dirección contraria a Nínive. Bien lejos. Si Nínive se encontraba a 800 km (500 millas) al este de Jope, entonces Tarsis estaba a unos 3200 km (2000 millas) al oeste, «lo más cerca del fin del mundo como fuera posible en esa época».[6] Para alguien que vivía en el antiguo Israel, ese podría considerarse el punto más lejano donde se podía viajar sin caerse del mapa.

Pero, ¿por qué Tarsis? Sin duda, no era la única opción que tenía Jonás. Si ya había decidido desobedecer, podría haberlo hecho con mucho menos costo y molestias.

Por ejemplo, podría haberse quedado en su hogar. Por cierto, habría sido mucho más sencillo. Por más que fuera en detrimento de su condición idónea de profeta o significara jubilarse de antemano, podía dormir en su propia cama. O si no quería quedarse en Israel, al menos podría haber elegido fugarse a un puerto más directo desde su hogar. Había pueblos vecinos más cercanos, fáciles de acceder y que no suponían semejante viaje. No era necesario zarpar hacia el fin del mundo conocido. Aunque cualquiera de estos destinos hubiera conllevado la misma desobediencia que huir a Tarsis (dejemos *eso* en claro), habrían sido mucho más sencillos de materializar.

Además, algunos comentaristas creen que cuando «descendió a Jope, y halló una nave que partía para Tarsis; y pagando su pasaje, entró en ella para irse» (Jonás 1:3), no sólo compró su pasaje sino que alquiló todo el barco para garantizar el completo control del momento y la rapidez con que la nave llegaría a destino.[7] Así que ir a Tarsis era una decisión extrema y sumamente costosa, pero que parecía valer la pena.

Cuando huyes de Dios, no hay lugar demasiado lejano ni precio demasiado alto.

Si mi hijo de dos años tuviera la suficiente habilidad verbal, nos explicaría este concepto, ya que es experto en huir. Parece que se hubiera graduado de alguna sociedad secreta, tal vez en la Escuela Clandestina de Huida y Escapismo, que aparentemente entrena a todos los niños de dos años. Es un verdadero experto en huir... de *mí*. Si me acerco un paso cuando no quiere que lo agarre, dispara con una sonrisita burlona en el rostro y una rapidez increíble. Sí, mi hijo Jude podría explicar sin dudar el anhelo desesperado de Jonás de dejar tan atrás a Jerusalén como fuera posible, de la misma manera que él intenta hacerlo conmigo.

Tarsis, ¡aquí vamos!

Una de las maneras de evaluar si estamos huyendo de Dios es observar si intentamos escaparnos de los lugares donde se manifiesta Su presencia. ¿No vas a la iglesia? Aunque sigas yendo, ¿te escapas atrás a último momento y te vas lo más rápido posible, con la esperanza de evitar cruzarte con alguien? ¿Dejaste de ir al grupo de estudio bíblico, porque las conversaciones te ponían cada vez más incómodo y te tocaban de cerca? ¿Has dejado de lado tu tiempo con la Palabra y la oración y siempre encuentras algo mejor y más urgente para hacer... donde no tengas que rendir cuentas y no te produzca condenación?

La presencia continua de Dios es un bálsamo reconfortante para los heridos, un dulce alivio para los heridos y traicionados, un refugio para los que se sienten fuera de lugar en este mundo. Pero para los que viven en desobediencia, para los que no quieren someterse a sus circunstancias actuales y ver lo que Dios puede lograr, la presencia divina es un fuego consumidor. Esquivamos la mirada para evitar ver al Señor a los ojos. Nos escabullimos por un pasillo. Tomamos el camino largo.

Huimos.

A veces, de maneras que nadie más nota.

Sí, conocemos toda clase de estrategias de escape. A menudo, en el intento de acallar la conciencia y mantener nuestra reputación, nos ponemos en piloto automático y seguimos adelante. Damos el diezmo y suponemos que Dios no puede disputar cifras contundentes, aunque no lo hagamos con el corazón. Criamos a nuestros hijos, pero de mala gana. Servimos a los demás, pero en secreto, estamos enojados con Dios por hacernos soportar esta situación. En público, fingimos que nos importa lo que los demás dicen que *debe* importarnos. Vamos paso a paso, pero protestamos y refunfuñamos todo el tiempo... en voz baja, y a veces frente a otros. Vamos a la iglesia, al trabajo, a nuestra «noche especial» al mes con amigos solteros o a otro día completo de maternidad, pero no estamos del todo allí, participamos a medias de la tarea y la etapa presente de la vida.

Por dentro, corremos: huimos mental, emocional e incluso espiritualmente. Nos pintamos una sonrisa de domingo mientras en privado, resistimos la comunión que Dios anhela, enojados con Él por lo que vivimos, disgustados porque la vida que queremos está interceptada e interrumpida. Si el Señor no se ocupa de nuestras inquietudes más profundas, no nos protege del dolor, de la pérdida, de los desafíos ni del aburrimiento, entonces nos cuidaremos solos y haremos cualquier cosa por sobrevivir... *con* Él o, si sigue sin darnos lo que queremos, *sin* Él.

Sin embargo, al huir (aunque sea en nuestro interior), nos colocamos en la peor situación posible. Quedamos fuera de la voluntad de Dios, fuera de Su bendición. Porque aun los métodos de huida más discretos y aceptables a nivel cultural son igualmente desobedientes, como cuando decimos: «Sé lo que dice la Biblia al respecto, pero...» Ah, ten cuidado cuando estas palabras salgan de tu corazón. Significa que se dio el pistoletazo de salida, y ya disparó un corredor.

Para Jonás, lo que Dios le dijo no tenía sentido: «Levántate y ve a Nínive, aquella gran ciudad, y pregona contra ella» (v. 2). Según la descripción bíblica, aparentemente no tomó ni un momento para reflexionar. Vino la palabra de Jehová, Jonás dio un brinco y muy enfadado salió corriendo para el astillero más cercano. Como muchas veces nos sucede a nosotros, el profeta no quería considerar que algo aparentemente tan ilógico fuera la voluntad precisa de Dios para él en ese momento, que hacer cualquier otra cosa no solo resultaría en un costoso desvío sino que también se quedaría sin participar en el milagro que el Señor había planeado.

A diferencia de Dios, no podemos comprender por qué nos ha traído esta convicción o nos ha colocado en esta circunstancia. Entonces, el factor determinante al decidir obedecer (al escoger rendirnos en lugar de resistirnos con obstinación) nunca puede ser nuestra capacidad finita de comprender las directivas divinas. Entender el llamado de Dios no es condición previa para obedecerlo. Su Palabra y Sus promesas son suficientes.

¿Ya hiciste las maletas para irte a Tarsis? ¿Has intentado con todas tus fuerzas evitar que te vean donde se siente la presencia de Dios en forma más tangible? ¿Te has cerrado a cualquier posibilidad de que esta interrupción te lleve con el tiempo a algún lugar de importancia divina? ¿Intentas alejarte tanto como puedes de lo que Dios te ha llamado a hacer, desconectando tus sentimientos, tu energía y quizá tu cuerpo?

Aun si este capítulo te sorprendió en plena huida, no es demasiado tarde para dar la vuelta y navegar rumbo a la voluntad de Dios. Quizás, no todos lo comprendan. Tal vez ni siquiera tú. Pero estoy segura de algo. En realidad, lo sé sin lugar a dudas. Volver al continente de la obediencia será la mejor decisión de tu vida.

CAPÍTULO 5

Una cuesta resbaladiza

«Y descendió a Jope, y halló una nave que partía para Tarsis; y pagando su pasaje, entró en ella para irse con ellos a Tarsis, lejos de la presencia de Jehová».

Jonás 1:3b

«Al principio, no fue tan grave».

Sentada a la mesa frente a ella, escuchaba los capítulos de la historia de su vida, como si fueran una mala película. Cada escena nueva enhebraba otra historia de una vida completamente fuera de control. Había cedido a una adicción, a un sinnúmero de relaciones ilícitas y a una multitud de otras decisiones terribles, lo cual había resultado en una vida estropeada y un corazón herido. En un último intento desesperado de salvar lo que quedaba de su lacerado potencial, estaba en un programa de tratamiento, vivía en un hogar de transición y oraba para comenzar de nuevo.

Al relatar su saga personal, llena de tristeza, búsquedas y personajes desagradables, parecía no dar crédito al rumbo que había tomado su vida, como si la mujer que describía no coincidiera con la imagen de la muchacha en su interior.

Una tras otra, las revelaciones dolorosas se derramaron de su espíritu abatido hasta que, por fin, se recostó sobre la silla, reclinó la cabeza, fijó la mirada vacía en la ventana y dijo, casi en un suspiro (a mí, a ella, a nadie en particular): «Si tan solo hubiera sabido adónde me llevarían esas primeras decisiones, quizás habría escogido otro camino».

Esas primeras decisiones. Esas primeras elecciones.

Sin duda, son sumamente críticas.

Creo que todos podemos identificarnos. Cuando era pequeña y me atrapaban en alguna clase de desobediencia, siempre intentaba escaparme de los problemas con la mentira. Parecía ser un atajo hacia la seguridad, una manera sencilla de evitar el castigo. En general, una historia inventada me salvaba durante un tiempo, quizás lo suficiente (eso esperaba) como para salirme con la mía. Sin embargo, casi siempre (¿acaso no nos sucede a todos?), una mentira lleva a otra, una segunda mentira se aprovechaba para una tercera. Cada vez que mentía, me colocaba en una parte más empinada y resbaladiza de la cuesta, más cerca del borde, lo cual me obligaba a ser más meticulosa en lo que decía a continuación para que cuadrara con mi discurso anterior. Habría sido mucho más sencillo decir la verdad desde el principio. No podía terminar bien.

No había dónde ir más que... cuesta abajo.

Sin embargo, como dijo mi joven amiga, al principio no parece tan grave. Antes de que todo salga mal, la noche parece prometedora y divertida. El día parece un desperdicio. Creemos que podemos correr ese riesgo, que tenemos los mecanismos para soportarlo. No pensamos que será difícil volver a casa cuando terminemos. Después de todo, no iremos tan lejos.

En general, recién cuando hemos caído en lo más bajo, y estamos demasiado lejos como para volver arriba fácilmente, nos damos cuenta de que nos metimos en problemas. En lugar de tener tres o cuatro maneras de recuperarnos, ahora quizás tenemos una sola (o ninguna). Todas traen aparejado un proceso largo y difícil, con una buena cantidad de vergüenza y bochorno; todas requieren mucha ayuda de los demás y nos cuestan caro.

Nos examinamos y comprendemos que no tendría que haber sido de esta manera. Tuvimos muchas oportunidades. Podríamos haber tomado decisiones diferentes. No teníamos por qué conformarnos. Si hubiéramos escuchado a los demás, a lo que en el fondo sabíamos que estaba bien.

Pero esta es la consecuencia de huir. Todo comienza con unos pocos pasos, acelera y antes de darnos cuenta, nos parecemos a cierto profeta de Dios que se despertó un día tormentoso y actuó *en contra* de lo que dictaba su vocación.

Cuesta abajo

Apenas Jonás resolvió que el llamado divino a Nínive no era para él y decidió que no tenía por qué obedecer la palabra de Jehová, renunció en esencia a su posición como profeta. Nadie que afirma legítimamente hablar en nombre de Dios puede ignorar Su voz. Jonás renunció a su cargo.

Al seguir el relato en los próximos versículos, observa cuántas veces aparece la idea de «bajar» en relación con las acciones de Jonás.

- *«Y descendió a Jope» (v. 3).* Jope (Jaffa en la actualidad) era uno de los puertos principales del antiguo Cercano Oriente. Si fue allí desde Jerusalén, era un viaje de unos 50 km (30 millas), desde el terreno montañoso de las regiones interiores de Israel hasta las mesetas costeras sobre del Mediterráneo, a nivel del mar. Era un camino en pendiente. Para él, una carrera cuesta abajo.

- «*Halló una nave que partía para Tarsis; y pagando su pasaje, entró en ella*» (v.3). Abandonó tierra firme y siguió huyendo del llamado divino, al bajar a la nave como pasajero fugitivo.

- «*Jonás había bajado al interior de la nave*» (v. 5). Una vez a bordo, no permaneció en la cubierta para observar las olas, sino que bajó a las literas inferiores a dormir.

Abajo. Abajo. Siempre abajo. Al final, hasta el fondo del mar, al vientre del gran pez. La decisión de huir del mandamiento de Dios y escapar de Su presencia manifiesta tejió una red de desastre de la cual no podía liberarse. Antes de poder darse cuenta, su situación había adquirido un impulso incontrolable, una vida propia. Pronto, se encontró en medio de una feroz tormenta en el océano, los marineros lo señalaron como la causa más probable y lo arrojaron a las aguas embravecidas. Evidentemente, se vino *abajo*.

Así es la vida para los que toman esa primera decisión de resistir lo que Dios tiene en mente para sus *intervenciones divinas*.

Un año, por ejemplo, la primavera llegó antes de que el rey David estuviera preparado. En esa época de la historia, esta estación marcaba el momento tradicional en que salían «los reyes a la guerra» (2 Sam. 11:1). Sin embargo, David lo percibió como una *interrupción* a sus planes. Por alguna razón, no asistió ese año y envió a su comandante militar, Joab, a encargarse de los planes de guerra en su lugar.

David era... bueno, *el rey David*. El que mató al gigante. El que escribió los salmos. El que dos veces, por temor a Dios, se abstuvo de quitarle la vida a su mayor enemigo, el rey Saúl, cuando tuvo la oportunidad. El que Dios había descrito como «un varón conforme a su corazón» (1 Sam. 13:14), alguien que había sometido a los antiguos enemigos de Israel y había recibido la promesa del pacto de Dios: «Tu casa y tu reino durarán para siempre delante de mí» (2 Sam. 7:16, NVI). Cualquiera pensaría que era la última persona en la Tierra que haría algo para estropear esto o incluso ser capaz de actuar de esa manera. Pero si alguien sabe el desastre que pueden producir algunas malas decisiones, ese es el rey David.

Ya conoces la historia. En primer lugar, como dije, dejó su responsabilidad para poder permanecer en el palacio. Luego, mientras una noche paseaba desvelado por la terraza (quizá inocentemente), espió a una mujer hermosa que se bañaba en algún lugar cercano. Eso sí que es una combinación explosiva: la luz de la luna, una mujer desnuda, un hombre solitario, poderoso, influyente y persuasivo. Estaban presentes todos los elementos para caer en desgracia.

En este momento, David tuvo una opción. Podría haber regresado a la cama, haber intentado aclarar su mente de la tentación y obligarse a comenzar el siguiente día con la atención puesta en la autodisciplina y las prioridades que lo habían llevado a la grandeza. En cambio, decidió quedarse en el techo. Escogió respirar el oxígeno que encendió su lujuria. Incapaz de contener el deseo de lo que había comenzado, envió un mensajero a invitar a esta mujer a su habitación (luego de enterarse de que su esposo estaba en el campo de batalla) y durmió con ella.

Desde allí, esas primeras decisiones nefastas llevaron a un encubrimiento desesperado, a un asesinato absurdo, al tormento de presenciar la muerte de su hijo ilegítimo, a perder para siempre la confianza y la relación con sus hijos y, lo más importante: la desaprobación de Dios. «Mas esto que David había hecho fue desagradable ante los ojos de Jehová» (2 Sam. 11:27).

Me pregunto cuán aturdido debe de haberse sentido David al contemplar el espiral descendiente de los sucesos en su vida. Me pregunto cuántas veces habrá vuelto a pensar en esa noche estrellada en la terraza, el mismo cielo que podría haber mirado desde su tienda en el campo de batalla, al cumplir con su deber.

Una mala decisión puede derribar a una persona.

Jesús relató una historia similar en su parábola del hijo pródigo. Este joven que no veía la hora de reclamar su herencia y no quiso permitir que este período de interrupción en su vida se transformara en una etapa de paciencia y formación de carácter, descubrió a la fuerza cuánto podemos alejarnos de la satisfacción al dar ese primer salto obstinado hacia el privilegio egoísta. Cuando dejó atrás la seguridad de su hogar y el amor de su padre, este fugitivo pródigo (al igual que Jonás) puso la mirada en una «provincia lejana» (Lucas 15:13) y escogió rebelarse en lugar de obedecer. Poco después, estaba en una pocilga inmunda, preguntándose cómo sus visiones de felicidad despreocupada se habían transformado en un pantano de cerdos.

Sé que no es el único.

Cuando estudiaba en la Universidad de Houston, comencé a salir con un joven que no era cristiano. Aunque le dije rotundamente que no podía tener una relación seria con alguien que no conocía al Señor, mis acciones decían lo contrario. Si dejas que tu corazón se acerque a alguien que te gusta cada vez más, todas esas pautas nobles que llevaste desde tu casa, tu iglesia y tu familia pueden transformarse en *líneas de puntos*, que se doblan y flaquean hacia lo que tú quieres. Tienden a perforarse en los momentos críticos.

Antes de poder darme cuenta, había creado una conexión emocional. Estaba en una montaña rusa de la que no podía bajarme, por más que intentara. Sin embargo, tendría que haber sabido algo sobre las montañas rusas: a menudo, toman un vuelco brusco y descendente cuando menos lo esperas.

Recuerdo claramente una noche en que salimos juntos y terminamos en la casa de uno de sus amigos. Antes de estacionar el auto, ya sabía que estaba en el lugar equivocado. Había autos por todas partes. Con una sola mirada, era evidente que estábamos en una bulliciosa fiesta universitaria fuera del campus. Había latas de cerveza y botellas de bebidas alcohólicas desparramadas por el césped. La música estridente retumbaba en las ventanas. El hedor acre de las drogas llenaba el aire.

Este muchacho me tomó de la mano y me llevó adentro.

Sin duda, una sonrisa genuina es bien diferente de la mueca dura que pinté en mi rostro mientras me presentaba a todos. Cuando me ofrecían beber o fumar algo, intentaba que mi rechazo pareciera despreocupado, pero seguramente no podía ocultar el malestar que sentía. Nunca antes me había sentido así con este chico. Pero ahora, aquí, en esta situación tumultuosa, oscura y vertiginosa, tuve mi propio momento del pródigo en el chiquero. «¿Cómo terminé en un lugar así?»

Fácil: todo comenzó con esa primera decisión de establecer una relación con alguien que no apreciaba mi sistema de valores ni comprendía quién era en verdad.

Las primeras decisiones. Las transigencias aceptables. Decisiones subjetivas tomadas sin pensar, que en el momento no parecen un problema. El rechazo del señorío de Cristo en áreas que parecen solo desobediencias menores.

Son algunas de las cosas a las que Satanás se aferra cuando cree tener una presa probable para derribar. Ese deseo inicial de huir de la Palabra de Dios, de resistir Sus planes divinos y Sus oportunidades para nosotros, es la manera en que las pasiones y los deseos dan «a luz el pecado; y el pecado, siendo consumado, da a luz la muerte» (Sant. 1:15).

Las decisiones que tomas hoy *tendrán* un impacto en el mañana. (¿Te importa si lo repito?) La manera en que respondas a las interrupciones que enfrentas ahora *influirán* en el rumbo que tome tu vida. De aquí a un año, a una década o a una generación, sabrás si caminaste con Dios con fidelidad y confianza y o si te entregaste por completo a la duda, la amargura y los reproches punzantes de escoger tus opciones de obediencia.

Todo David que se escabulle a la terraza para volver a mirar termina atrapado en una telaraña de engaño. Todo hijo pródigo que cree saber más de la vida que su «Padre» termina en una pocilga. Y todo Jonás que huye en dirección opuesta al llamado de Dios ve cómo las nubes de tormenta se ciernen detrás de él. Es solo cuestión de tiempo.

Abajo. Abajo. Siempre abajo.

Difícil de ver

Apuesto a que sabes de qué hablo. Es más, probablemente, estás leyendo estas palabras desde algún lugar cercano al fondo de tu cuesta resbaladiza. Y como a nuestro enemigo le encanta verte allí, intenta evitar por todos los medios que comprendas adónde estás y logra que esta caída libre te resulte algo placentera, como si te salieras con la tuya sin consecuencias. Puede cegarte tanto como para que creas que el ciclo de centrifugado en el que estás es un lugar de descanso y reposo.

Dormido en la tormenta.

«¿Qué tienes, dormilón?», le gritó el capitán aterrorizado, por encima del aullido del viento (Jonás 1:6), al descubrir que el profeta dormía en la cubierta inferior del barco. Me pregunto lo mismo. Un hombre que sabía exactamente cómo había llegado allí, lo que había hecho, de quién huía y de lo que Dios era capaz... ¿cómo puede ser que estuviera tan ajeno a lo que sucedía?

¿Agotamiento? Quizás. Seguro que había sido un día largo y lleno de tensión, con tanto correr y planear el viaje. El pecado y la culpa suelen afectarte físicamente (ver Sal. 32:1-5). *¿Escape?* A veces, he usado el sueño casi como una droga para librarme del dolor y las preocupaciones, con la esperanza de que todo esté mejor por la mañana. *¿Depresión?* Tal vez estaba

tan resignado a su destino que dejó de preocuparle lo que los demás pensaban o lo que le sucedería. *¿Justificación?* Quizás, estaba tan seguro de la validez de su postura sobre Nínive que se había quedado tranquilo y estaba convencido de estar tomando el camino correcto. No dejaría que un poco de lluvia y vientos recios afectaran sus convicciones ni lo mantuvieran despierto esa noche.

Cualquiera de estas razones es posible. Una combinación de factores. Sin embargo, mi sentido materno me dice que probablemente se trataba de otra cosa.

Como mamá de tres muchachitos traviesos, a menudo termino el día terriblemente cansada. No obstante, si alguno hace el menor ruido durante la noche, estoy de pie y en su habitación casi antes de darme cuenta de que estoy parada. La fatiga no siempre evita que reaccione con rapidez y vigilancia. Mi perceptibilidad a ellos y sus necesidades es más fuerte aun que mi necesidad de descanso luego de un día agotador.

¿Podría ser que un corazón que se ha enfriado espiritualmente haya provocado la capacidad de Jonás de dormir en medio de la tormenta, y tal vez nuestra propia incapacidad de reconocer la gravedad de nuestra condición y sus consecuencias?

No quiero juzgar. Es solo una opinión.

Alguien escribió: «El endurecimiento de un corazón tierno casi siempre comienza con una acción justificable».[8] Creemos que sabemos lo que estamos haciendo. Consideramos que nuestra resistencia a los planes de Dios o nuestra falta de entrega son de poca importancia a comparación de lo que los demás hacen. Suponemos que con todas las cosas buenas que hacemos compensamos las debilidades que admitimos en una o dos áreas. No creemos que Dios espere que seamos tan radicales y estemos en guardia constantemente. Tenemos cosas que hacer, ¿verdad?

Esa clase de justificación empaña las ventanas y nos impide ver cuánto hemos bajado ya y hasta dónde podríamos desplomarnos desde allí. Son los razonamientos engañosos que el enemigo nos arroja, que insensibilizan nuestra conciencia espiritual y hacen que perdamos el sentido de dirección y propósito. Nos hacen pensar que estamos de acuerdo con las circunstancias o al menos que hay una estabilidad, cuando en realidad, nos hundimos como una roca, y nos alejamos cada vez más de la persona que creemos ser: alguien centrado y equilibrado. Antes de darnos cuenta, nuestros sentidos pierden sensibilidad. Dormimos durante las advertencias, las señales, las convicciones conmovedoras, todo lo que nos dice que vamos por mal camino.

Así terminas mirando una botella casi vacía, cuando dijiste que solo beberías un sorbo. Así terminas en medio de la noche con un chico con quien una vez dijiste que nunca saldrías. Así terminas haciendo cosas que tu sentido de dignidad nunca te habría permitido hace tres años. Sin embargo, aquí estás. La situación se ha vuelto grave. De mal en peor.

¿Te has quedado dormido en medio de la vida? ¿Justo cuando Dios te llama a algo más grande? ¿Cuando otras personas más necesitan tu aliento y tu ejemplo? ¿Cuando la oportunidad de ir en pos de la trascendencia está a solo una decisión obediente de distancia?

La cuesta resbaladiza del pecado, la desobediencia y la resistencia a Dios no es nada agradable. Nada bueno surge al huir. El sueño del que se deja seducir espiritualmente no es nada dulce. El camino abajo es sumamente grave porque cada vez es más difícil contrarrestar la profundidad de la caída.

Abajo es un rumbo que no siempre produce temor mientras vamos en pendiente, pero aun así, lleva invariablemente al fondo. No importa si lo vemos y lo sabemos o si llegamos allí sin darnos cuenta; es inevitable.

Hasta que decidimos levantar la mirada.

¿Cómo subimos?

Mi amiga Holly Wagner sirve junto a su esposo en el centro cristiano Oasis en Los Angeles, donde supervisa el ministerio para mujeres, más conocido como *GodChicks* [chicas para Dios]. Sin embargo, antes de que Holly participara tanto en el liderazgo y el discipulado de la iglesia, era actriz en Hollywood y presentadora de un programa de entrevistas, e iba camino a realizar sus sueños de estrellato.

Las telenovelas nocturnas le habían proporcionado las mejores oportunidades, donde su belleza y su representación cautivadora de los personajes la habían colocado en la tapa de revistas nacionales como una actriz prometedora. El futuro garantizaba más películas y una gran fortuna. A los 21 años, ya triunfaba en una industria a la que miles de chicas como ella hubieran dado lo que fuera por entrar.

Sin embargo, Holly creía en Jesucristo. Y la voz interior del Espíritu Santo le decía que no la había separado para representar esos papeles. Cuando surgieron otras oportunidades como esta en el futuro, tuvo que aprender otra palabra y responder: *«¡No!»*

La actuación es un arte y una profesión honorable. El problema en este caso no era que Holly hubiera seguido una carrera de actuación en California, sino que Dios intervino en su vida en este momento y comenzó a llevarla por otro camino. Como en el caso de Jonás, el problema no era su *trabajo*, sino su *disposición* para rendirse a la voluntad de Dios. Si Su plan hubiera sido que Holly siguiera adelante, no habría problema. Podría haber sido obediente en *eso*. Pero como Dios le señaló claramente que se alejara de un camino profesional que no formaba parte de Su propósito único para ella y su futuro, ignorar o esquivar Sus instrucciones habría significado rebelarse contra Él. Y Holly no representó ese papel.

A su agente no le gustó escuchar esto. Tenía grandes planes para esta estrella en ascenso, y símbolos de dólares en los ojos.

Cuando Holly tomó la decisión de alejarse de este medio, Satanás le envió una oportunidad que no podía declinar. La actriz había leído para entrar a otra serie de televisión, con un guión parcial que no revelaba por completo hacia dónde se dirigiría el personaje o de qué se trataría el programa. Sin embargo, pidió el libreto completo y lo llevó a su casa para evaluarlo, y pronto se dio cuenta de que era otro papel cuestionable del que no quería participar. Llamó a su agente y le dijo que no podía hacerlo.

«Pero Holly, te conseguí otra audición para este programa. Solo quedan tú y un par de personas más».

«No importa. No lo haré».

A pesar de sus deseos y de lo que quería obtener, el agente de Holly llamó obedientemente a la empresa de producción (una empresa *importantísima*) y se disculpó por el recelo de su cliente. La respuesta inesperada que recibió fue: «Dígale que el papel es suyo».

Fantástico.

Otra vez comenzó la negociación. La empresa estaba realmente interesada en ella. Pero Holly no se movería de su postura. Y sin embargo, no solo extendieron la oferta varias veces, sino que la redoblaron. ¡Estamos hablando de mucho dinero! Su agente comenzó a pensar que la estrategia de resistencia de Holly era *brillante.*

«No me estoy haciendo la difícil», le dijo ella. «¡Esta clase de roles no me hacen bien al alma! ¿Acaso no lo entiendes?» Pero ni siquiera sus amigos cristianos lo comprendían. ¿No se daba cuenta de que podría ser una luz para Cristo en el plato de una novela oscura e indecente? ¿No comprendía cuántas Biblias podía comprar y enviar a China con el dinero que ganaría?

A pesar de todo esto, ya había tomado su decisión. Una primera decisión. Y la cumpliría. A pesar de todos los razonamientos, no dejaría que esta situación la llevara cuesta abajo. Aceptó la intervención de Dios, aun si por momentos le pareció que estaba cometiendo un error.

Hoy, pasa su tiempo hablándoles de Jesús a mujeres de todo el país. Tiene un matrimonio de muchos años, distinto a lo que se ve en Hollywood, y dos hijos preciosos. Aunque de vez en cuando, pueda surgir de la nada el interrogante «me pregunto si...», no lamenta en absoluto su decisión de rendirse a la interrupción, de aceptar la divina intervención. Siente que no se puede comparar con lo que hace en la actualidad: participar de manera activa en un ministerio para mujeres, servir en la iglesia junto a su esposo, dedicarse espiritualmente a las vidas de otros actores que han atravesado situaciones similares. Todo esto supera ampliamente lo que la televisión podría haberle dado. Es cierto, tomó una postura personal de obediencia al llamado de Dios, lo cual la alejó de una carrera lucrativa de actuación, pero está segura de que viviría llena de reproche si no lo hubiera hecho. ¿Una interrupción? Después de todo, no. Decididamente, fue una intervención divina.

Cuando la vida ofreció ir hacia abajo, Holly decidió subir.

La vida de Jonás, por otro lado, seguía yéndose a pique. Y la tuya también lo hará si tus planes no incluyen seguir a Dios dondequiera que te envíe y confiar en Él en la situación que se presente, aunque parezca una gran interrupción en tu camino atractivo y prometedor.

Siempre puedes ir hacia abajo (es fácil llegar allí, pero nunca es sencillo salir), en especial si, como Jonás, estás demasiado absorto en ti mismo como para darte cuenta, si te has quedado dormido y no percibes cuán profundo has caído.

CAPÍTULO 6

Un llamado de atención

«Jehová hizo levantar un gran viento en el mar, y hubo en el mar una tempestad tan grande que se pensó que se partiría la nave [...] Pero Jonás había bajado al interior de la nave, y se había echado a dormir».

Jonás 1:4, 5b

Tal vez Jonás no lo sabía, pero hay peor lugar para estar que en medio de una tormenta. En su caso, ese lugar era Tarsis.

Imaginemos que esta región lejana del mundo antiguo era un sitio rústico y arbolado, con un clima agradable y buena pesca. De ninguna manera era un centro turístico de lujo, sino un lugar donde un hombre podía ir a olvidar sus problemas, a millones de kilómetros de las preocupaciones y las responsabilidades. Un lugar que compensaba su falta de cultura y comodidad con paz y tranquilidad: amplio espacio para estirar las piernas, buena distancia entre uno y el vecino más cercano, hermosa vista de la luna y las estrellas a la noche.

Jonás había visto todos los folletos de turismo de Tarsis. Al parecer, lo convencieron. Y sin embargo, en este lugar no había dónde comprar cierto artículo que alguna vez había sido un elemento básico y seguro de su vida cotidiana. Aun en la disposición rebelde en que se encontraba al abordar el barco, Jonás seguramente sabía por su experiencia como profeta de Dios que si llegaba a Tarsis, algún día (no de inmediato, claro, pero *algún día*) anhelaría algo especial que había dejado atrás en Jerusalén, algo que extrañaría en la vejez.

Si Jonás hubiera llegado a destino en este nuevo hogar lejos de su tierra, al borde del mundo civilizado, probablemente habría pasado el resto de su vida sin volver a gozar del favor de Dios, sin siquiera percibir la alegría y la satisfacción de formar parte de los planes divinos, sin volver a experimentar Su presencia manifiesta en el templo. ¿Cuántas mañanas despertaría allí y sentiría los mismos rayos dorados que brillaban en su tierra natal a un mundo de distancia, pero extrañaría el calor que solían darle, no solo al rostro y los hombros, sino también al alma y al espíritu?

¿Alguna vez huiste a «Tarsis»: a algún lugar que parece mucho más emocionante y atractivo que la voluntad de Dios? ¿Alguna vez te cansaste de lo que Dios esperaba de ti y te dirigiste hacia donde *tú* querías? ¿Alguna vez decidiste ausentarte emocionalmente de tu matrimonio y tus hijos y dejar de preocuparte porque todos obtengan lo que necesitan de tu parte?

Esta alegría y tranquilidad no duran mucho tiempo, ¿verdad?

Porque sin importar cuán remoto y relajante parezca, nada llena el vacío del propósito abandonado. Ya nada parece lo mismo cuando huyes de Dios. Las mismas libertades que le resultaban más atractivas a Jonás sobre Tarsis se transformarían, con el tiempo, en promesas vacías, y luego en reproches oscuros y pesados que se burlarían de él durante el resto de su vida. ¿Acaso no obra así Satanás? ¿Siempre? Jonás, dormido profundamente bajo cubierta, todavía no lo entendía; pero Dios sí. Así que Él hizo algo al respecto. Amablemente, se negó a dejar que el sueño profundo de Jonás le impidiera experimentar Su voluntad. Intervino.

¡Y cómo!

Todos hemos experimentado tormentas. Y también hemos experimentado... *¡tormentas!* Ya sabes, cuando por televisión, el alerta meteorológico te dice que te escondas en el sótano. Cuando las tapas de los contenedores de basura salen volando y repiquetean por la calle. Cuando a la una de la tarde parece medianoche: relámpagos, truenos retumbantes, vientos chillones y lluvias torrenciales. La tormenta de Jonás se desató con esa clase de furia... ¡y más aún!

> «Jehová hizo levantar un gran viento en el mar, y hubo
> en el mar una tempestad tan grande que se pensó que
> se partiría la nave».
>
> (Jonás 1:4).

Es lo que yo llamo una interrupción *dentro* de una interrupción. Dios ya había intervenido en la vida del profeta, invitándolo a participar de un milagro poderoso de arrepentimiento nacional en Nínive. Y ahora, cuando Jonás pensaba que ya se había deshecho de eso, Dios volvió a intervenir. Lo que quizás hasta ahora había sido solo una agitación suave en el espíritu del profeta ahora cayó con truenos y relámpagos y la perspectiva real del naufragio y la muerte.

La tormenta perfecta.

Porque si no hubiera sido por *esta* tormenta, con este nivel particular de volumen e intensidad, Jonás quizás habría permanecido bajo cubierta todo el viaje hasta su refugio en Tarsis. No obstante, Dios no lo permitiría. No soportaría ver cómo Jonás se arruinaba la vida. No permanecería callado mientras un valioso hijo del Rey no solo salía de la voluntad de Dios sino también de Su bendición.

Por eso envió la tormenta. No para *quitarle* la vida sino para devolvérsela con mayor plenitud.

¿Alguna vez te sucedió algo así?

Un hombre se niega a responder a un llamado de Dios, a dejar su trabajo lucrativo en una empresa para dedicarse a establecer una iglesia local. Tiene demasiado temor a comprometerse, está demasiado inseguro de lo que sucederá. Entonces, un viernes por la tarde, el jefe lo llama a su oficina, cierra la puerta y le anuncia que debido a recortes presupuestarios y la disminución de ingresos, la empresa tiene que dar el infortunado paso de eliminar varios puestos de trabajo. Entre ellos, el de él.

Se desata la tormenta.

Una jovencita soltera está a punto de aceptar una proposición de casamiento aunque sabe que no debería, pero su corazón no puede negarse. Sus mejores intentos de dejar la relación con este hombre (fantástico de muchas maneras pero totalmente equivocado para ella en cuestiones importantes) son demasiado débiles para pasar por alto sus sentimientos. Entonces, él aparece un día, no con un anillo sino con una revelación: Quiere dedicarse a otra relación y cree que lo mejor es si se separan por ahora.

Se desata la tormenta.

Una adolescente evita darle un consejo cristiano a una amiga que está haciendo concesiones en su vida personal. No sabe si debería entremeterse. No sabe cómo lo tomará esta chica. Entonces, suena el teléfono tarde una noche, y le avisan que su amiga tuvo un accidente y la llevaron al hospital en ambulancia. ¿Cómo se siente ahora, al saber que no quiso actuar según la instrucción del Espíritu Santo? ¿Cómo afectarán este fuerte reproche y confusión su manera de responder a Él en el futuro?

Se desata la tormenta.

Un hombre de edad madura sabe hace años que debería renunciar a algo, pero no lo ha hecho. Es el único pecado que siempre ha justificado por todo lo que tuvo que soportar de su familia, su pasado y los demás problemas. Para él, es un escape razonable. Sabe que está mal, pero ha cedido, y aprendió a vivir con lo que le cuesta en cuanto a su relación con Dios. Es un secreto que le viene a la mente durante la Cena del Señor, pero el resto de los días del año, se *interpone* entre él y Dios, entre él y una comunión sin barreras. Entonces, durante un examen físico de rutina una tarde de octubre, el doctor entra al consultorio con un portapapeles, una expresión preocupada y el número de un especialista para que llame con respecto al resultado de su análisis de sangre.

Se desata la tormenta.

Gracias a Dios por esto. Sí, lo dije.

«Gracias a Dios por la tormenta».

¿Alguna vez dijiste esas palabras? No quisiéramos tener que pronunciarlas jamás. Cuando estamos en medio de una crisis, en la interrupción *dentro* de la interrupción, la pérdida parece demasiado grave, el dolor demasiado fuerte y la adversidad demasiado definitiva e irreversible. Es todo tan deprimente. Y sin embargo, Dios logró captar nuestra atención, ¿no? Algo menos turbulento quizás no habría sido suficiente, pero con esto Él cambia nuestra perspectiva en forma radical. Y en los días y los años que vendrán, tal vez miremos atrás aliviados y abrumados por lo cerca que estuvimos de hundirnos en lo profundo del mar... Si no fuera por Su tormentosa intervención.

Durante la tempestad, el capitán despertó a Jonás. Las miradas fijas de los marineros bellacos, que le decían que se levantara y los ayudara. El capitán gritó:

«Levántate, y clama a tu Dios; quizá él tendrá compasión de nosotros, y no pereceremos» (v. 6).

Piénsalo: el comandante pagano de un barco le pide a un creyente como Jonás que ore.

¿No se parece a lo que sucede hoy, cuando el mundo quiere despertar a la iglesia, cuando sus esfuerzos por los heridos y necesitados nos avergüenzan? ¿Cuando su pasión por ciertas causas e inquietudes superan la intensidad de la nuestra, a pesar de que somos los portadores del incomparable evangelio de Jesucristo? El afán de los incrédulos de pedir ayuda a gritos cuando se encuentran en problemas, aun de manera generalizada a un dios generalizado, nunca debería equiparar nuestra rapidez de volver corriendo a nuestra intimidad con el Padre, quien en verdad puede ayudarnos en tiempos de mayor necesidad... aunque hayamos puesto nuestra vida en peligro.

Así que suponemos que a esta altura, avergonzado por la inversión espiritual de roles, Jonás confesaría quién era, de dónde venía y adónde se dirigía. En cambio, se sentó en silencio, mientras ellos echaban suertes nerviosamente, una manera burda de establecer quién tenía la culpa de este turbión furioso de la naturaleza. Pero recién cuando «la suerte cayó sobre Jonás» (v. 7), finalmente se desplomó bajo su escrutinio y admitió la verdad. No puedo evitar preguntarme si a este profeta de Israel no le daba un poco de vergüenza decir el nombre de su Dios junto al propio.

Y sin embargo, mira lo que hizo la tormenta. Mira el rayito de esperanza que emanó de la conciencia y el corazón endurecidos de Jonás al declarar: «Soy hebreo, y temo a Jehová, Dios de los cielos, que hizo el mar y la tierra» (v. 9). Percibe el residuo de esperanza que dicta que Dios quizás no había terminado con este hombre.

Si no hubiera sido por nuestras tormentas, quizás hoy no estaríamos aquí. Yo no estaría escribiendo este libro. Tal vez, no te interesaría leerlo. Seríamos personas sumamente distintas si nuestro Dios se hubiera lavado las manos de nuestra situación y hubiera permitido que siguiéramos vagando en la dirección de nuestras corazonadas iniciales y nuestras inclinaciones naturales.

Sí, agradezco a Dios por Sus tormentas. Me recuerdan quién soy en realidad. Me recuerdan quién es Él en realidad.

Amor con todo el peso de la ley

Hace poco, estaba en el supermercado haciendo mi rutina habitual: transfería mis compras desde el carrito a la cinta transportadora. De pronto, detrás de mí, en un tono que llamó la atención de todos los que estaban allí, una muchacha comenzó a contestarle a su madre de una manera insolente e irrespetuosa. Soy chapada a la antigua, así que perdónenme si todavía adhiero al código de conducta que dicta que la honra a los padres se aplica a todo desde los modales en la iglesia hasta las compras en el supermercado. Esta pequeña sabelotodo me crispó los nervios. No como madre sino como ser humano, tuve deseos de darme vuelta, tomarla de la barbilla, cerrarle esos labios insolentes y decirle que si le pedía perdón a su mamá ahora mismo quizás (*¡quizás!*) me persuadiría para soltarla y volver a ser una extraña agradable como cualquiera en la fila del supermercado.

En realidad, lo único que evitó que lo hiciera fue que esta niña no era mi hija. La falta de relación cambia todo.

Seguramente, has mirado a otras personas salirse con toda clase de conductas negligentes y egoístas. Aturdido, has observado cómo algunos negaron a Cristo como Salvador, otros se entregaron a estilos de vida pecaminosos sin aparente preocupación de estar haciendo algo mal.

Quizás también deseaste, en secreto, poder vivir con una actitud de vida orientada al placer y sin miramientos. Te has preguntado por qué Dios parece tan implacable en mantenerte bajo presión, por qué cada vez que no te sujetas te encuentras con una amonestación bíblica, por qué no puedes relajarte un poco de tanta responsabilidad espiritual, como cuando sales a comer, a pasear o te desconectas de otra manera.

Bueno, hay una muy *buena* razón: eres Su hijo. Y nuestro Padre disciplina a Sus hijos (ver Heb. 12:7). Que intervenga en tus asuntos revela Su afecto y Su relación contigo. Y si escuchas y respondes, no solo dejarás de considerar Su corrección como una maldición para soportar, sino que también verás cómo la transforma en una *bendición* antes de terminar. Las nubes de tormenta en tu vida indican Su amor por ti, Su deseo de verte volver a Su voluntad. Porque, seamos sinceros, Su voluntad siempre es el mejor lugar... no está libre de problemas, pero sí de esas noches y fines de semana desalentadores donde sentimos que hemos malgastado la vida en nada. Ser fieles a Su propósito nos prepara para una vida de significado duradero.

Quizás sientas que Dios quiere divertirse pero en realidad te está salvando el pellejo. Lo peor que podría hacernos es quedarse de brazos cruzados mientras hacemos nuestro mayor esfuerzo para escaparnos de Su voluntad. Así que «no te impacientes a causa de los malignos, ni tengas envidia de los que hacen iniquidad» (Sal. 37:1). Te sigue de cerca porque te ama.

Si tienes hijos, comprendes lo que quiero decir. Cuando veo que mis hijos se alejan de lo que yo sé que es mejor para ellos, les «desato una tormenta» porque comprendo, mucho mejor que ellos, que no soy *yo* sino la *conducta* que manifiestan la que les causará más problemas en la vida. Mi disciplina, que puede parecerles pesada y excesiva por ahora, es en realidad su mejor opción para volver a encaminarse. Sin mi intervención, su deseo de huir de la enseñanza, la obediencia y la bondad entre hermanos los conducirá a un barco hacia Tarsis: un lugar que parece mucho mejor en anuncios publicitarios que en la vida real.

Corrijo su curso porque son hijos míos. Porque sé lo que más necesitan.

Porque los amo.

Por eso mismo Dios nos trata así *a nosotros*. Las tormentas que sacuden nuestra vida a menudo son medidas disciplinarias. Cuando comenzamos a desviarnos hacia el pecado, Dios se esfuerza por traernos de regreso. Cuando nos deslizamos al error y la falta de criterio, Él adapta Su estilo de enseñanza para comunicarse de maneras que comprendamos mejor. Cuando huimos de Su presencia, cuando no queremos rendir el corazón a lo que nos pide, cuando no creemos que Sus planes sean la mejor alternativa para nosotros, cuando dormimos todo el camino hacia Tarsis, Él no está dispuesto a mirar cómo permanecemos fuera de Su voluntad; no cuando Sus propósitos permanentes son lo único que les ofrece libertad, verdadera aventura y gozo indescriptible a sus hijos. «Porque el Señor al que ama, disciplina» (Heb. 12:6). No es algo de qué huir. Es algo para dar gracias.

¿Recuerdas la película de Disney, *Monsters, Inc.* [Monstruos, Inc.], donde una absurda empresa de servicio público le proporciona electricidad a toda la ciudad transformando los gritos de los niños en energía? ¿Recuerdas su lema? «Asustamos porque nos preocupamos». A Dios no le agrada nuestro dolor, por supuesto, pero tampoco se quedará de brazos cruzados si sabe que nos dirigimos a un precipicio.

Si hubieras estado a mi lado durante gran parte de mi vida, me habrías visto atrapada en una tormenta muchas veces: con la ropa y el cabello mojados, cubriéndome la cabeza con los brazos y corriendo en busca de refugio lo más rápido que podía. Ninguna llovizna o chaparrón de primavera podrían haberme hecho correr con tanta desesperación. Sólo una tormenta podía lograrlo. Y mi Dios ha sido fiel como para arrojarla sobre mi cabeza más veces de las que recuerdo.

Si estás en medio de una tormenta ahora mismo, ¡despierta! Mira a tu alrededor y oriéntate otra vez. Luego, en lugar de sacudir el puño hacia el cielo, comienza a agradecer a tu misericordioso Padre celestial por amarte tanto como para perturbar tu sueño y no dejarte dormir.

Eres Su hijo. Y solo Él sabe lo que es mejor para ti.

Buenas razones para las temporadas de lluvia

No puedo dejar atrás nuestra charla meteorológica sin decir algo más.

Lo más probable es que los marineros a bordo del barco con Jonás fueran fenicios, paganos que provenían de una cultura politeísta. Adoraban a cientos de dioses, que gobernaban distintos aspectos de la naturaleza y se ofendían con facilidad. Así que cuando surgían problemas, como esta tormenta salvaje sobre el Mediterráneo, nunca sabían *quién* había hecho *qué* para enojar a algún dios. Por eso «cada uno clamaba a su dios» (v. 5) mientras las olas se volvían incontrolables, en un intento de apaciguar las deidades y enmendar cualquier equivocación espiritual que podrían haber cometido sin saberlo.

Sin embargo, cuando Jonás quedó expuesto como la fuente de este monzón y se declaró relacionado con el Dios «que hizo el mar» (v. 9) en el que estaban siendo sacudidos, estos viejos marineros dejaron de orar a sus dioses personales para implorar al Dios de Jonás. Desde los versículos 14 al 16, se dirigen a Él con el nombre de Jehová, el nombre del pacto dado a Israel.

Esto es sumamente notable: hombres paganos reconocieron la supremacía de este Dios de poder, justicia y autoridad, a comparación de los dioses insignificantes a quienes habían suplicado antes. A medida que el primer capítulo del libro de Jonás se aproxima al final, la Escritura confirma que «temieron aquellos hombres a Jehová con gran temor y; ofrecieron sacrificio a Jehová e hicieron votos» (v. 16). Resulta ser que la tormenta de Jonás no solo le hizo bien *a él,* sino que también tuvo un efecto radicalmente beneficioso en los demás. La tormenta estruendosa provocó tanto temor entre los incrédulos que los preparó para un encuentro propio con Dios.

¿Te desalienta la tormenta que pueden haber provocado tus decisiones sobre los demás? Sin duda, Dios puede hacer muchas cosas a la vez. Utiliza la misma tormenta que sacude nuestras vigas espirituales para provocar cambios en los demás también. Ya sea por observar nuestra respuesta o enfrentar repercusiones similares junto a nosotros, quizás descubran su propia oportunidad de tratar con Dios, de la misma manera en que la tormenta constituyó el telón de fondo perfecto para que los marineros paganos se encontraran con Él.

Sí, nuestro Señor puede lograr mucho con una intervención divina. No permitirá que el buen clima impida que lo conozcamos, no solo en forma ceremonial, sino de manera seria y perceptible; no solo en forma técnica sino de manera sumamente real y receptiva. Muchas veces extendemos las manos al cielo, rogamos misericordia, resentimos la interrupción. Sin embargo, el Señor es sabio y sabe cuándo una tormenta es la única solución, cuándo ningún otro inconveniente menor nos hará ver quiénes somos en verdad y lo que Dios desea ser en nosotros.

Así que despierta. Pon los pies en el suelo. Párate bajo la lluvia reveladora de la realidad. Huele el café de Su Palabra y Su verdad para despejarte.

A veces, hace falta una tormenta para hacernos volver en sí, de regreso adonde comprendemos que ningún deseo, ni distracción ni desvío puede satisfacer jamás los anhelos más profundos del alma. Y tu Padre te ama demasiado como para no enviarla.

Tercera parte

Arrepentimiento en alta mar

CAPÍTULO 7

¿Y ahora qué?

«Y le dijeron: ¿Qué haremos contigo para que el mar se nos aquiete? Porque el mar se iba embraveciendo más y más».

Jonás 1:11

Entonces, ahora estás despierto.

Gracias a Dios.

Las nubes de tormenta llegaron a tu vida, retumbaron con violencia y truenos, con suficiente fuerza para abrir forzadamente tus pesados párpados espirituales. Y ahora comprendes que has estado corriendo en sentido opuesto. Difícil de admitir, pero es bueno saberlo. Así que aquí estás, con los ojos nublados y un poco aturdido al ver cuánto te alejaste del camino de la dirección de Dios. Tienes una sola pregunta en mente...

¿Ahora qué?

Es la pregunta que flota en el aire luego de equivocarte o de incurrir en un problema. Es el interrogante que permanece en tu mente cuando las circunstancias salen de control y estás en medio de consecuencias terribles que tu misma rebelión provocó. Es la pregunta que exige una respuesta mientras transitamos esta vida interrumpida.

¿Qué hago a continuación?

En esencia, es lo que le preguntaron los marineros a Jonás.

Claro, ahora el profeta estaba despierto y había confesado. Dijo que era hebreo y que su Dios gobernaba el mar. Pero aun así, la tormenta seguía bramando... ¡cada vez más! Todavía parecía que el barco se rompería en pedazos. Sus vidas seguían en peligro. Así que con el corazón acelerado y las voces temblorosas, le gritaron con fervor a Jonás por encima del ruido de la tumultuosa tempestad: «¿Qué haremos contigo para que el mar se nos aquiete?» (Jonás 1:11).

La respuesta de Jonás nos proporciona una perspectiva increíble de los fundamentos para volver al camino correcto, algo que todos necesitamos. Porque todos hemos pasado por algo similar, ¿no es cierto? A todos nos ha impactado descubrir el desastre que hicimos, cuánto hemos corrido, y la tormenta que les hemos impuesto a los demás. Todos hemos querido resolver cómo obtener algo de paz en medio del caos, en especial si se trata de un caos paralizante que puede destrozarnos por dentro cuando no seguimos la guía de Dios en una interrupción de la vida.

¿Alguna vez te inmovilizó el temor y la culpa? ¿Te resulta familiar esa angustiante y desorientadora sensación de pánico que se apodera de ti cuando, luego de esforzarte por esconder tus secretos vergonzosos, de repente y sin piedad salen todos a la luz? Te sientes mareado. Desesperado. Te duele el pecho. Se te crispan los nervios. Casi no puedes pensar en otra cosa. Te despierta por la noche: está allí, cernido sobre ti. Inamovible. Imposible. Luego, apenas comienzas a pensar en forma racional por la mañana, está allí otra vez, hambriento. Quiere desayunar.

Claro, podemos hablar de la maldad de las personas, preguntarnos cómo viven consigo mismas al haber hecho ciertas cosas. Pero cada vez que nos lavamos las manos en el baño, nos enfrentamos cara a cara con un pecador experimentado. Un fugitivo. Con solo mirarnos (y *mirarme*), sabemos que hemos estado en el lugar de Jonás. Conocemos la intensidad de la tormenta.

Entonces... ¿ahora qué? ¿Qué hacemos a continuación? Al sopesar esta pregunta, Jonás tuvo que hacer algo que muchos intentaríamos evitar, y sin embargo, *no debemos* evitar si esperamos bajar de este barco que nos aleja de la voluntad de Dios. Rodeado del capitán y la tripulación, debajo de la nauseabunda cubierta del barco sacudido por la tormenta, y al ver que sus opciones de escape y anonimato desaparecían, hizo algo sencillo pero poderoso. Admitió que era su culpa. Aceptó la responsabilidad. Confesó lo que había hecho.

«Ellos sabían que huía de la presencia de Jehová,
pues él se lo había declarado». (Jonás 1:10)

Por cierto, en primer lugar, Jonás se hizo responsable de la desobediencia que los había metido a todos en ese desastre «porque yo sé que por mi causa ha venido esta gran tempestad sobre vosotros» (v. 12).

Chicos, es mi culpa.

Por favor, no pases de largo este punto sin dejar que decante. Lo sé, dadas las circunstancias, que Jonás admitiera su culpa parecía ser su única opción en ese momento, pero todos hemos estado atrapados en situaciones donde, evidentemente, lo correcto sería aceptar la responsabilidad. ¿Acaso eso siempre nos hace admitir rápidamente que es culpa nuestra? ¿Qué viene primero: la gallina o el huevo?

Aceptar la culpa es un primer paso gigantesco en el camino de regreso (un paso de «ahora qué» que cualquiera en la posición de Jonás *debe* dar), y sin embargo, aquí tropezamos muchos.

Una amiga mía estuvo de visita hace poco y decidí llevarla a un restaurante nuevo que había escuchado nombrar en el centro de Dallas. Llamé de antemano para que me dijeran cómo llegar y me esforcé por transitar las calles de una sola vía que hacen que conducir en nuestra metrópolis sea una experiencia tan agradable. (¡Supongo que había una *gran* oferta de señales de «Prohibido girar a la izquierda» cuando crearon este patrón de tráfico!) Aun así, iba bien hasta que me trabé en una zona de construcción, donde habían reemplazado con señalización provisional las viejas señales a las que estaba acostumbrada. A esto se le agregaron un laberinto de conos anaranjados y cinta de precaución, y antes de darme cuenta, mi carril se desvió y volvió a la autopista de donde acababa de salir para llegar allí.

Nuestra cena se encontraba ahora en el camino opuesto. A 100 km por hora (60 millas).

¿Ahora qué?

Me habría gustado que el muchacho al que llamé para pedir indicaciones me hubiera avisado sobre las demoras y los desvíos en la ruta al acercarme al restaurante. Podría haberle echado la culpa *a él*. También me habría gustado que los que planearon la ciudad nos hubieran dado la opción de ir de un punto al otro sin tener que dar tantas vueltas. Podría haberles echado la culpa *a ellos*. Sin embargo, me encontraba allí por error, con hambre y en la dirección opuesta. Y aunque en verdad deseaba cenar en ese lugar, comencé a considerar cualquiera de los demás a los que sabía cómo llegar desde allí. Después de todo, no era la ciudad de mi amiga. No tenía por qué saber que estaba perdida y, debo admitirlo, me daba vergüenza decirle.

¿Cuál es tu primera reacción cuando te atrapan en un error? ¿Culpar a los demás? ¿Sentir autocompasión? ¿Conformarte con lo que puedas rescatar con tal de no dañar más tu dignidad? ¿Intentar que nadie se dé cuenta de tu error? ¿Quizá incluso no permitirte aceptar que cometiste un error?

Como relató una vez la escritora y oradora Donna Otto: imagina, por ejemplo, que estás apurado, esperando el ascensor para bajar a la recepción del hotel. Cuando por fin llega, está totalmente lleno, y por la expresión de las personas en su interior, comprendes que quisieran que esperes el próximo. Sin embargo, ellos se dan cuenta de que estás listo para subir. ¡Ahora! Así que comienzan a moverse hacia la izquierda, a la derecha y hacia atrás, apiñándose aun más de lo que están para que entre uno más. Te paras justo en el medio frente a todos, con los ojos puestos en el pasillo, y los de los demás fijos en ti de manera irritante. Suena el timbre, se cierra la puerta y el ascensor por fin comienza a moverse.

Hacia arriba.

Fantástico. Importunaste a estas personas porque estabas apurado por ir abajo, y ahora te diriges 22 pisos arriba, cada vez más lejos de tu destino deseado. Así que ahí estás, codo a codo con una multitud de extraños que atrasaste e incomodaste, y sabiendo bien que tienes que detenerte y bajarte, pero la humillación te paraliza. Te equivocaste. ¿Ahora qué haces?

Seguramente, podríamos nombrar muchísimas situaciones y ejemplos como este. Cada uno nos dejaría una lección y distintas preguntas, pero lo que en realidad importa es la historia de la vida real que tiene tu nombre y tus circunstancias grabadas, algún momento en que te enfrentaste con tu deseo de huir, cuando todas tus vías de evasión estaban cerradas, cuando todos los dedos acusadores (incluso el de tu propia mano) te señalaban y no tenías adónde más correr. Te descubrieron con las manos en la masa. Y a menos que quieras que todo empeore, sin esperanzas de mejorar, tienes que tomar una decisión valiente.

Entonces... ¿lo harás?

Al igual que Jonás, quizás has estado navegando, con la esperanza de evitar las consecuencias, pero ahora quedaste desenmascarado y tienes que enfrentarte a la situación. Quizás, te dé mucha vergüenza. Puedes intentar justificarte. Puedes echarle la culpa a alguien más. Puedes vivir bajo una tremenda pila de culpa el resto de tu vida.

¿O qué te parece lo siguiente? Puedes simplemente reconocer que te equivocaste y seguir adelante. Aceptar la culpa siempre es el primer paso acertado en el proceso del arrepentimiento.

Y si no crees poder hacerlo, hay Alguien que puede ayudarte.

¿Alguna pregunta?

A Jonás le gritaron muchas preguntas por encima del rugido de la tempestad y los aullidos de sus compañeros de barco.

> «Dinos ahora, ¿quién tiene la culpa de que nos
> haya venido este desastre? ¿A qué te dedicas?
> ¿De dónde vienes? ¿Cuál es tu país?
> ¿A qué pueblo perteneces?» (Jonás 1:8, NVI)

Le arrojaron cinco preguntas, como pesadas rocas, una tras otra. Probablemente se sintió azotado bajo la carga del interrogatorio. No creo que haya podido pensar con suficiente rapidez para absorber todo, para escuchar lo que le preguntaban, mucho menos para responderles lo que tanto anhelaban saber.

Sin duda, la importancia de estas preguntas penetró el corazón y la mente de Jonás. La realidad de quién era, de dónde era y de lo que estaba haciendo debe de haberle quemado la conciencia rebelde a medida que comenzó a ver la verdad otra vez. Solo pudo reunir la suficiente valentía como para suspirar desde las profundidades de su alma debilitada y ansiosa: «Soy hebreo, y temo a Jehová, Dios de los cielos» (v. 9).

Todavía no era una confesión. ¿O sí?

Según algunos eruditos, la manera en que decidió describirse, un «hebreo», era más que una simple declaración de nacionalidad. Era una palabra «utilizada comúnmente para distinguir al pueblo de Dios de las demás naciones».[9] De hecho, incluso los gentiles usaban este término para diferenciarse de los que servían a Yahvéh, los beneficiarios del pacto con Él. Así que al declararse hebreo, Jonás no podía evitar recordar su conexión con el único Dios verdadero. Al parecer, esto hizo que el ministerio del Espíritu Santo se derramara sobre él. El corazón se le llenó de convicción, y no pudo evitar soltar una larga lista de adjetivos para describir al Dios que gobierna Su pueblo: el Dios que gobernaba a este profeta fugitivo, aun camino a Tarsis.

«Temo a Jehová
Dios de los cielos,
Que hizo el mar
Y la tierra».

Este acontecimiento es fundamental. Nos recuerda la clásica confesión de David en el Salmo 51, cuando intentó enfrentarse a su culpa por cometer adulterio y clamó a Dios diciendo:

«Contra ti, contra ti solo he pecado, y he hecho
lo malo delante de tus ojos; para que seas
reconocido justo en tu palabra, y tenido por puro
en tu juicio» (v. 4).

Esta no fue una declaración preparada para que David leyera en una conferencia de prensa precipitada y anunciara oficialmente su disculpa. No le importaba si el pueblo creía que estaba arrepentido de verdad. David no tenía problema con la desilusión ni las preguntas difíciles de los demás sino con Dios: lo había ofendido a Él. Entonces, el reflector de la verdad de Dios por fin había llegado a su corazón profundamente obnubilado.

Y aunque Jonás quizás no estaba completamente arrepentido aun (en Jonás 4:2, es evidente que todavía esperaba que Nínive fuera destruida), una tormenta divina había comenzado a desatarse en su interior, mientras la tormenta externa seguía bramando sobre el mar. Su viaje para alejarse del peligro todavía no había terminado. Pero no te quepa duda: *había comenzado*. El cambio en el camino de Jonás, desde el sendero de la rebelión hasta el de la penitencia, estaba en curso.

Y todo comenzó con esas primeras preguntas penetrantes.

¿Estás escuchando? ¿Oyes cómo el Espíritu de Dios hace surgir preguntas en tu interior? ¿Tienes algunos interrogantes divinos que flotan en tu corazón y parecen emerger en los momentos más extraños: mientras estás atascado en el tráfico, o cuando cocinas la cena, o doblas la ropa, o en medio de una reunión? ¿Desentierran algunas respuestas reveladoras sobre dónde estás y lo que has estado haciendo? ¿Dios te está señalando que lo que has escondido de los demás (incluso quizás de ti mismo) no está escondido «a los ojos de aquel a quien tenemos que dar cuenta» (Heb. 4:13)?

No ignores los intentos del Espíritu de hacerte reaccionar. La convicción, el revuelo interior, es tu Padre que te llama para traerte de regreso a Él, y te invita a ponerle fin a tu huida, y comenzar a hacer lo necesario para que las cosas cambien. Responde... sométete a estas preguntas... y estarás en el camino correcto hacia la sanidad y la plenitud.

No importa el costo

Jonás escuchó las preguntas. Admitió que había estado huyendo y ahora estaba dispuesto a aceptar la responsabilidad de su decisión. Era hora del próximo paso de arrepentimiento... al igual que para nosotros, cuando resistimos la invitación de Dios de seguirlo durante una interrupción. *Aceptar la disciplina amorosa de Dios* es la manera en que el pecado que reconociste se transforma en el pecado del que comienzas a arrepentirte. Significa que no solo eres consciente de lo que hiciste mal, sino que también sabes que necesitas Su ayuda para evitar volver a lo mismo, y volver a decidir que huir es mejor que obedecer.

Cuando los marineros decidieron arrojar a Jonás por la borda, ya no les importaba demasiado de qué tenían que desprenderse. Ya habían arrojado «metales preciosos, caballos y mulas, marfil y otros productos».[10] Con sus vidas en juego, no se aferraron a muchas cosas. Sin embargo, estaban poco dispuestos a dejar a Jonás a merced de las aguas furiosas. Porque aun hasta estos marineros paganos, aparentemente entendían el concepto de poseer conciencia espiritual.

No obstante, lo gracioso es que el profeta se ofreció. Por eso resulta un poco difícil comprender su vacilación. Porque si yo hubiera visto que se me acercaban estos fervientes tripulantes y me miraban como lo próximo para arrojar por la borda, habrían tenido que perseguirme por toda la cubierta chapoteada. Es decir, me gusta nadar con mis hijos y alguna vez anduve en barco, pero no tengo ningún deseo de salir volando por la borda. Aunque hubieran podido acorralarme, les habría dado motivos para usar esos parches negros en los ojos antes de acercarme al borde.

Sin embargo, ¿cómo puede ser que Jonás estuviera tan resignado a morir? ¿Por qué les aconsejó «tomadme y lanzadme al mar» (Jonás 1:12), sin siquiera oponer resistencia?

Lo único que se me ocurre es que estaba comenzando a aprender por experiencia lo que ya sabía. No podía escapar de Dios. No podía correr lo suficientemente rápido ni lejos como para escaparse. No podía dejar de ser Su hijo, Su valiosa posesión.

Una vez más, no sé si el arrepentimiento del profeta provenía del corazón (no confesó ningún pecado específico), pero debemos admitir que se trata de un hombre mucho más rendido y doblegado que el que conocimos al principio. Aunque una vez no quiso ceder diez minutos para hablar sobre los planes de Dios para él en Nínive, ahora parecía dispuesto a entregar su vida a la disciplina justa del Señor. No retenía nada, ni siquiera le importaba la caída pavorosa a las aguas oscuras y revueltas del Mediterráneo. Es más, si los marineros no lo hubieran arrojado, creo que se habría lanzado él mismo, si pensaba que el sacrificio sacaría del suplicio a estos pobres hombres y a él mismo.

Ahora, Dios tenía lo que quiso desde el principio: un profeta dispuesto a escuchar y obedecer, un siervo listo para asumir la responsabilidad de su llamado, un hombre a quien le quedaba algo de ministerio por delante.

Cuando Jerry y yo disciplinamos a nuestros hijos, buscamos un cambio en el corazón además de la conducta. Si envío a uno de los chicos a su habitación un rato, espero que use el tiempo para considerar sus acciones, para pensar en cómo afectaron a los demás y decidir qué podría haber hecho de otra manera. Quiero que salga no solo con una disculpa sino también con un corazón preparado para hacer algo al respecto. No me interesa que se porte bien una tarde, sino que se transforme en un joven responsable y honrado para toda la vida.

Como madre, espero que la disciplina le llegue al corazón, lo ablande y que evite que este sea un episodio aislado sin efectos duraderos. No quiero un eco ocasional en la pantalla del radar de su conducta. Si hasta ahí llego, terminará el día y volveremos a comenzar, y estoy segura de que volveremos al mismo lugar en poco tiempo.

Sí, aceptar la disciplina puede ser difícil. La verdad es que todo esto del arrepentimiento puede ser duro. Que te atrapen con las manos en la masa en medio de tu huida puede ser una experiencia desgraciadamente tormentosa, y probablemente quisieras evitarla por completo. Pero al intentar decidir qué hacer a continuación, las acciones de Jonás nos alientan a lo siguiente: *Reconoce el pecado* y *acepta la disciplina*. Entrégate a la autoridad de la verdad y la justicia de Dios y fíjate adónde quiere llevarte el Señor.

Por supuesto, no siempre significa que todo mejorará antes de empeorar. El arrepentimiento puede hacerte sentir mal aunque esté funcionando. El próximo paso puede ser extraño. Pero al menos sabes que estás yendo en la dirección correcta.

Siempre es así con el arrepentimiento.

CAPÍTULO 8

Un pez llamado Gracia

«Pero Jehová tenía preparado un gran pez que tragase a Jonás; y estuvo Jonás en el vientre del pez tres días y tres noches».

Jonás 1:17

Si lo intentaras en tu casa, quizás quieras pasar al lavabo de la cocina o arrodillarte junto a la tina o, al menos, extender algunas toallas para atajar lo que se vuelque. Sé que genera un poco de desorden, pero llegamos tan lejos con Jonás que no creo que ninguno de nosotros esperara terminar sin mojarse un poco, así que...

Aquí va.

Necesitarás un vaso lleno de agua y una persona que te ayude. Nada más. Es algo que puedes repetir utilizando lo que ya tengas en tu casa (como tu esposo, por ejemplo).

Ahora, con vaso en mano, estira el brazo hacia adelante. No hace falta tenerlo demasiado derecho, con el codo sin doblar, a menos que quizás necesites tonificar tus tríceps. Unas pesas de 200 gramos (8 onzas) son mejores que nada.

Cuando te sientas preparado, dile al compañero de laboratorio que reclutaste que comience a sacudirte el brazo, con la fuerza que prefiera aplicar. Mientras tanto, resiste e intenta mantenerte lo más estable que puedas. Ahora, ¿qué te parece que sucederá? Ya sea con movimientos violentos o agitaciones suaves, esperas que el agua comience a derramarse del vaso al suelo. Bastante sencillo, ¿verdad?

Y ahora, la parte un poco más difícil: la explicación. *¿Por qué se derrama el agua?*

Por supuesto, sabes que no busco la respuesta más evidente. Cualquiera podría decirte que el agua se vuelca porque alguien te sacude el brazo. Pero en realidad, la persona que empuja e impide que sostengas el vaso derecho es un mero catalizador en este experimento. Es cierto, su función influye en el resultado, pero no es la razón principal. Podrían sacudirte el brazo *sin* hacer que derrames agua si... ¿qué? Si no tuvieras nada que derramar.

El agua se sale del vaso principalmente porque *está* en el vaso.

Es la misma razón por la que a menudo reaccionamos frente a las interrupciones de la vida con enojo, ira, amargura, pánico, desconfianza, inseguridad, temor, susceptibilidad y otros contaminantes tóxicos. Estas reacciones no se nos escapan solo por estar bajo mucho estrés. Ninguna presión externa nos obliga a comportarnos de determinada manera. Los problemas y las situaciones difíciles no nos hacen actuar de maneras tan ofensivas: quejarnos o discutir más de lo habitual, transformarnos en una persona que nos cuesta reconocer.

No, estas actitudes nefastas ya están dentro de nosotros: se esconden, sin ser vistas, y permanecen inactivas hasta que una sacudida lo suficientemente grande las libera. Las interrupciones no las crean; simplemente las sacan a luz.

Verás, creemos que nos enojamos porque un padre, un hermano, un cónyuge, un hijo o un conductor lento que se instala en la vía rápida nos hace reaccionar de esa manera. La verdad es que estas irritaciones e interrupciones son solo el catalizador que desobstruye los obstinados focos de egoísmo que se han enterrado en lo profundo de nuestro ser.

Creemos que nos transformamos en un manojo de nervios porque tenemos demasiada carga para llevar, demasiadas decisiones por tomar, demasiados riesgos que manejar, demasiadas personas que cuidar, demasiados malabarismos que hacer debido a las demandas de la vida, demasiadas desilusiones que superar. Pero francamente, estas múltiples responsabilidades y desafíos son simplemente agentes que nos ayudan a ver que todavía preferimos las preocupaciones en lugar de tener fe, sin importar cuánto digamos que confiamos en el Señor.

Creemos habernos hecho inmunes al orgullo y la autosuficiencia por los golpes que sufrimos en los últimos años. Y entonces, la confianza de alguien más en nuestras habilidades se transforma en una nueva oportunidad, un mayor rol en la toma de decisiones, una posición en el liderazgo que trae los cumplidos que nos encanta recibir y, de repente, las viejas susceptibilidades vuelven a asomar la cabeza con furia. Sí, incluso el éxito en los negocios, con nuestros hijos o en el ministerio puede dejar al descubierto orgullo, envidia y otras cuestiones que sin saberlo, podemos tener guardadas.

Así que puede ser negativo o positivo. Falta de dinero. Ofertas de trabajo. Tensión matrimonial. Aun una proposición de casamiento. A veces, se trata de los mecanismos que Dios utiliza (o permite) para ayudarnos a percibir cuánta inmundicia aún infecta nuestro interior. Cuestiones de las que no éramos conscientes. Debilidades que pueden causarnos muchos problemas si no se tratan ahora, mientras hay tiempo para reemplazarlas y transformarlas, antes de que se transformen en hábitos tan arraigados e impenetrables que se vuelvan nuestro estilo de vida.

No es la manera de Dios de condenarnos, sino de transformarnos. Poner al descubierto nuestros pecados, temores secretos, autosuficiencia e inseguridades no es un intento de herirnos sino de ayudarnos. Por más extraño que parezca, se trata de una operación de rescate, aunque ahora parezca una verdadera carga.

O quizás, un gran pez con un terrible apetito.

Llamémoslo aterrorizador.

Llamémoslo imposible.

Llamémoslo inicuo, injusto, inoportuno.

¿O por qué no lo llamamos simplemente «gracia»?

La gracia bajo presión

Jonás habría muerto. Sin duda, tres días desdichados en un apestoso acuario de consecuencias le produjeron un terrible susto. En el momento, debe haberle parecido que nada podría ser peor que estar enterrado vivo en el vientre de un pez. Sin embargo, podemos decir con franqueza que si este muchachote no hubiera aparecido en ese momento, Jonás habría muerto en el agua. No hubiera visto otro día. Así que según parece, este pez tenía nombre.

Se llamaba Gracia.

Cuando llegue al cielo, voy a arrinconar a Jonás como un admirador desvergonzado que se queda detrás de escena cuando termina el espectáculo. Me acercaré con una pila de preguntas exploratorias. Lo primero que quiero saber es lo que siempre le preguntan a la gente cuando le sucede algo terrible o hay una gran noticia de último momento: «¿Qué sentiste? Queremos saber cómo fue estar atrapado en medio de un momento tan tenso y dramático. ¿Qué escuchaste? ¿Cuándo te diste cuenta de que estabas en problemas? ¿Qué te pasaba por la mente?

¿Cómo te sentías?»

Supongo que todos tenemos los mismos interrogantes sobre Jonás. ¿Cómo se habrá sentido cuando los marineros lo arrojaron del barco, cuando chocó contra las aguas rugientes y embravecidas del océano? Estoy segura de que estaba preparado para ahogarse (si es que alguien puede prepararse para eso), cada vez tenía menos fuerza para permanecer a flote, desesperado por aire pero sin poder respirar.

¿Cuánto tiempo habrá estado así? ¿Estaría consciente como para ver que la tormenta había desaparecido por milagro, como él le había predicho a la temerosa tripulación del barco? ¿Habrá notado que se le acercaba una descomunal criatura marítima? ¿Estaría consciente de lo que sucedía cuando se lo tragó?

Me pregunto si habrá sabido dónde se encontraba cuando descubrió que estaba vivo: fuera del agua, pero por cierto, en un lugar que nunca había visto. En los momentos de conciencia, en medio de todas esas texturas pegajosas y olores nauseabundos que atacaban sus sentidos y lo descomponían, ¿habrá intentado escapar? ¿Habrá encontrado algún lugar en ese oscuro pasaje digestivo donde sentarse y recostarse... sobre algo... algo *repulsivo*? Me pregunto si el horror de este lugar, junto con la espera lenta y desesperante de la muerte, lo habrán llevado a enfrentar sus reproches y lo habrán hecho pensar en todo lo que Dios había sacudido de él en los últimos días.

Me pregunto.

Casi sentimos pena por él, ¿no? Podemos imaginar cómo esta prisión oscura como boca de lobo iluminó sus errores pasados en toda su realidad inhóspita y acechadora, haciéndole doler los ojos. Tal vez, en el momento, no se haya dado cuenta de la gravedad de resistir el llamado de Dios a Nínive. A veces, hace falta algo tan espantoso y drástico como quedar atrapado en el vientre de un pez para traer a luz la gravedad de nuestras decisiones.

Una carta certificada de la Dirección General Impositiva manifiesta que tu declaración de ingresos será sometida a una auditoría... y sabes que exageraste al menos en 10.000 dólares.

Te atraparon.

Un mensaje de texto que tu cónyuge encontró en tu teléfono celular, que descubre el pecado secreto que has estado escondiendo: quizá una relación de romance y coqueteo que nunca quisiste detener.

Te atraparon.

Una amiga, que te quiere, expresa su preocupación por la dureza y la amargura que ha percibido en ti últimamente. Se pregunta si te sucede algo que no le has dicho. Pensaste que podrías esconderlo mejor.

Te atraparon.

Un correo electrónico desagradable que le llega por accidente al destinatario de tu comentario despreciativo.

Te atraparon.

La mentira que dijiste para evitar un compromiso, antes de que te vieran haciendo otra cosa.

Te atraparon.

El vientre del pez que Dios designa para sus amados «Jonases». Ah, el pánico, la vergüenza, la realidad que te acelera el corazón cuando te descubren en infracción. Sientes que ya no podrás salir adelante, con todo a la luz y deshecho.

Por el contrario, querido amigo, superarás este drama precisamente *gracias a* que todo se reveló. Este pez está hecho para evitar que te hundas del todo. Si Dios no hubiera permitido que te atraparan seguramente, habrías terminado ahogándote. Sin embargo, este resultado incómodo que el Señor permitió te da la oportunidad de recuperar el aliento, de reaccionar y de pertenecerle más a Él.

Resulta que el vientre de un pez es en realidad un lugar muy propicio para tomarse todo el tiempo necesario para ordenar estas cuestiones. Hay tiempo de sobra para que llegue el arrepentimiento. Así le sucedió a Jonás.

«Entonces oró Jonás a Jehová su Dios
desde el vientre del pez». (Jonás 2:1)

Este proceso comenzó a bordo del barco cuando *reconoció su pecado*. En plena tormenta, estuvo dispuesto a que los marineros lo arrojaran por la borda: *aceptó su disciplina.* Y ahora, ya sin esperanza de huir de Dios, Jonás tuvo la oportunidad de dar el próximo paso en su progreso de arrepentimiento: *pedir perdón.*

¿Aprovechó la oportunidad? En realidad, no. Nunca pidió perdón explícitamente. Pero aunque quizás no comprendió totalmente la gravedad de su desobediencia, podemos decir que tuvo una actitud penitente. Se dio cuenta de que se había salvado por milagro y era su oportunidad de revertir la situación. Así que, mediante su historia, podemos aprender lecciones críticas sobre el verdadero arrepentimiento y su efecto sobre nosotros. Es tu oportunidad, amigo. Ahora mismo, mientras estás atrapado en el vientre de tus circunstancias desagradables, puedes asociarte con Dios. Es más, es la razón por la que te guardó.

Es cierto, sólo podemos especular sobre cómo habrá sido la experiencia angustiosa de Jonás en la garganta de esta gran bestia, pero sabemos lo que es estar en una posición donde lo único que podemos pronunciar es una oración. Nuestras situaciones quizás no tengan las mismas características que las de Jonás, ¿pero acaso no hemos estado rodeados de las repercusiones de nuestras acciones insensibles y cobardes, forzados a contemplar lo que hicimos... con todos los detalles horrendos?

Esta consecuencia designada es justo lo que necesitamos.

Si Jonás estaba consciente de la presencia y la llegada del pez, si pudo verlo acercarse cada vez más, seguramente pensó que estaba al borde de la muerte. Sin embargo, lo que parece haber sido diseñado para matarnos puede en realidad ser la manera de Dios de protegernos y rescatarnos de otra consecuencia mucho más calamitosa. Quizás, solo quizás, cuanto más grandes sean las consecuencias, mayor es la obra que Él planea realizar a través de nosotros cuando todo pase. Cuando sentimos que nos corrige con mayor severidad, a veces no es en proporción al pecado pasado o reciente sino a la gran tarea que nos espera cuando Dios termine su obra en nosotros, cuando hayamos resistido.

Me encanta cómo lo expresa el pastor John Piper: «La adversidad es redentora, no solo disciplinaria».[11] Dios no quiere lastimarte; Su intención es redimirte. Quiere hacerte volver en sí, lograr que comprendas que te diriges en la dirección equivocada, que hagas todo lo posible por levantarte de este tropezón. Quiere que vuelvas a desear Su perdón tanto como tu independencia, que anheles la rendición de cuentas tanto como tu libertad, que lo que antes tenía valor en tu vida con Él te resulte ahora más preciado que la vida misma.

Verás, si eres un hijo de Dios, hay mucho más en tu corazón que la frustración, la impaciencia, el enojo y todo lo que tu interrupción trajo a luz. Eres templo del Espíritu Santo, quien busca constantemente las cosas de Dios, aunque tú no quieras. Así que aunque las pruebas y las interrupciones pueden desenmascarar las tendencias y los temperamentos resistentes que se aferran a tu vida, también pueden marcar el momento en que algo más suba a la superficie: la profunda convicción de tu necesidad de salvación divina, tu afecto olvidado por el Padre.

A veces, es necesario que un pez llamado Gracia te lo saque de un tirón.

Cuesta arriba desde la tumba

Jonás tenía algo para celebrar en el vientre del pez:

«Invoqué en mi angustia a Jehová, y él me oyó; desde
el seno del Seol clamé, y mi voz oíste» (Jonás 2:2).

Dios lo oyó. Y le respondió.

Qué paz tan abrumadora habrá envuelto a este profeta
rebelde, aun agazapado en desesperación en medio de la nada.
Al saber que no estaba solo y que el Dios del que había huido lo
escuchaba, debe de haberse sentido como un minero atrapado
que escucha que sus rescatadores se abren camino al pozo con
el estridente sonido de poleas, cadenas y linternas.

Nuestro pequeño Jude, de un año, estaba en la cocina conmigo el otro día mientras yo intentaba trabajar un poco. Había
gateado hasta detrás de unos taburetes ubicados donde tomamos el desayuno y estaba jugando en el suelo realmente entretenido. Pero cuando su nivel de atención disminuyó y decidió
llevar su imaginación a otra parte, se encontró en un apuro.

Sin darse cuenta, se había metido en medio de las tablillas
de madera de uno de los taburetes y había quedado atascado.
No podía salir por debajo, ni por arriba ni dar la vuelta. Ya
sabes, a veces logras lo que te propones y otras, quedas atrapado en el intento.

Esta vez, Jude quedó atrapado.

Por supuesto, me di cuenta de que estaba luchando e intentaba salirse de la trampa donde había caído. Y de repente,
pensé: «Vaya, sería el momento perfecto para ir a lavarme los
dientes». (¡La perspectiva de una madre sí que cambia del primer hijo al tercero!) Sí, lo dejé allí, donde sabía que permanecería los dos minutos que necesitaba. Me llamó durante algunos
segundos hasta que volvió a entretenerse con sus juguetes, y

yo lo ignoré por completo, aprovechando al máximo el corralito provisional que se había armado sin darse cuenta.

Me alegra que Dios no sea así... con *ninguno* de Sus hijos. Las luchas que enfrentas, el pez donde estás sentado mientras intentas atravesar por el arrepentimiento, no pasan inadvertidos. Dios no se ha escapado para atender otras cuestiones apremiantes, suponiendo que probablemente estarás bien hasta que pueda volver a ver cómo estás.

Está aquí mismo; ahí contigo.

Y no ignorará tu llamado de auxilio.

Seré sincera, me pone nerviosa ver a nuestro viejo amigo Jonás terriblemente descompuesto y desanimado en esta consecuencia tan imposible y dificultosa, orar «a Jehová su Dios desde el vientre del pez» (v. 1). Hasta donde nosotros sabemos, no había orado desde que lo conocimos escapándose de Jerusalén a Jope. En toda la secuencia de la tormenta en el capítulo 1, todos oran *excepto* Jonás. En el capítulo 2, cada palabra de Jonás es una oración.

Renunciar al privilegio de la oración casi siempre nos lleva al vientre del pez. Y estar allí suele conducirnos a orar otra vez. Es más, estoy convencida de que es uno de sus propósitos principales.

Pero si no tenemos cuidado, puede tener el efecto opuesto. Ya sea por la tremenda incomodidad, la vergüenza abrumadora, la frustración irremediable o cualquier combinación de sentimientos, nos enfrentamos a la cruel tentación de encerrarnos en nuestra tribulación y considerarnos abandonados. Olvidados. Sin perdón.

Sin embargo, aquí vemos que Jonás, un líder espiritual de Israel que había disparado para Tarsis frente a Dios y a su pueblo (así como un sinfín de generaciones de lectores bíblicos), toma la oportunidad de asociarse con Dios, de mirarlo a los ojos desde la profunda oscuridad de su condición actual, de clamar a Él en medio de su desesperación, sabiendo que el Señor era su única esperanza. Podría haberse resignado a su destino pero no lo hizo. Decidió clamar al Señor «desde el vientre del pez» (v. 1).

No había mejor lugar. No había mejor momento.

Si has estado allí (si *estás* allí), te traigo la Palabra de Dios que dice:

> «Jehová esperará para tener piedad de vosotros,
> y por tanto, será exaltado teniendo de vosotros
>   misericordia; porque Jehová es Dios justo;
> bienaventurados todos los que confían en él».
> (Isa. 30:18)

Aunque Su disciplina con amor firme haya sido necesaria quizás para ayudarte a reconocer la magnitud de tu huida o a detectar cuándo dejaste de permitir que Dios obre en ti, el arrepentimiento y la restauración son como tus rodilleras. Una vez que *reconoces tu error, aceptas la disciplina* y *pides perdón,* Cristo tiene el derecho de declararte aprobado y aceptable frente al Padre (más útil que nunca). Un pecador perdonado siempre es bien recibido ante el trono de Dios.

Un lugar llamado Gracia.

Si has estado huyendo de Dios y lo sabes, si has acarreado consecuencias dolorosas o has hecho que los demás sufran por no haberte rendido completamente a la voluntad del Señor, aún puedes clamar a Él. Puedes buscar una reconciliación segura con Aquel a quien ofendiste.

Jonás no confesó sus pecados específicos al suplicar a Dios desde el interior de sus consecuencias. El tiempo diría si había dejado atrás las malas actitudes y decisiones que lo llevaron a un espacio tan confinado. Parecía estar de acuerdo con Dios en muchas cosas y, sin duda, lamentaba que lo hubieran atrapado, pero es difícil saber si dejó de pensar que, de alguna manera, había estado justificado en su manera de actuar.

Sin embargo, el vientre del pez puede ser donde dejemos de lado de una vez por toda nuestra resistencia a las intervenciones divinas, donde confesemos nuestros hábitos egoístas, las preferencias obstinadas y los viejos zapatos para correr que permitimos que atesten el armario de nuestro corazón y nuestra vida. Podemos estar seguros de que cuando «confesamos nuestros pecados, él es fiel y justo para perdonar nuestros pecados, y limpiarnos de toda maldad» (1 Juan 1:9).

Quiero dejar algo en claro: hacer todo esto no significa que las cosas vayan a cambiar de la noche a la mañana. Jonás tuvo que quedarse tres días sentado adentro de Moby Dick para aprender algunas cosas antes de que Dios cambiara su situación. Sin embargo, del anuncio profético de esta circunstancia en relación a Cristo (quien pasó tres días en la oscuridad de la muerte antes de resucitar en victoria), podemos inferir que tu liberación de esta intensa etapa de disciplina será en el momento preciso y perfecto en que Dios sepa que está consumado el propósito para esta época de tu vida. Y aun si algunas consecuencias permanecen, quizás para toda la vida, no será para avergonzarte sino para testimonio de tu redención, para evitar que quieras regresar y para protegerte de la memoria inconstante que a menudo tenemos.

Dios te trajo aquí para redimirte, amigo mío, no para destruirte. Y tu restauración y renovación no tienen por qué esperar.

Al igual que Jonás, clama a Él para que te ayude en tu aflicción. Suplica sabiendo que Dios te escucha «desde el seno del Seol» (Jonás 2:2). Descansa en que tu oración llega a Su «santo templo», aun cuando te sientes desfallecer (v. 7). Ora creyendo que Dios, en Su gracia y misericordia, sacará tu vida «de la sepultura» (v. 6), sin duda y a Su tiempo, a pesar de que quizás, cavaste este pozo con tus propias herramientas oxidadas.

No importa si tu vida de oración se ha vuelto rutinaria, estereotipada o incluso inexistente; el vientre del pez es tu luz verde para volver a liberarla con propósito y pasión. No te limites.

Si algo aprendemos de la experiencia de Jonás en las profundidades del océano es que la oración ardua, sincera y absorbente marca el corazón del que aprende las lecciones en el vientre del pez, del que navega más allá del orgullo, el egoísmo y las malas decisiones hacia un lugar mejor.

Un lugar llamado Esperanza, en un pez llamado Gracia.

Sobras transformadas

Recuerdo que cuando era pequeña, mi mamá cocinaba algo extravagante todos los domingos. La cena dominical. Si cierro los ojos, casi puedo olerla. Tal vez un estofado que se había cocinado durante la noche, tierno y jugoso, o un pollo frito con piel dorada y especias suculentas. Fuentes llenas de vegetales humeantes, que nos servían al plato junto con una rodaja sustanciosa de sus panecillos y su pan de calabaza caseros. Podría seguir, pero sé que te estoy dando hambre y estamos muy cerca del final de este capítulo.

No sé cómo lo hacía. Intento repetir su éxito en mi propia familia, pero nunca parece tener ese toque mágico que ella le aportaba. Quizás, sea la nostalgia de la niñez que lo mantiene fuera del alcance, pero hago lo mejor que puedo y nadie parece estar desnutrido. Mis niños están creciendo y el resto de nosotros estamos... bueno, estamos bien, gracias.

Sin embargo, más que el ingenio de mi mamá para esas cenas increíbles de los domingos, me sorprende cómo ponía la mesa el lunes o martes siguiente, utilizando los restos de nuestra gran comida de fin de semana. Sacaba los platos del refrigerador y les quitaba el envoltorio plástico, mientras cortaba y picaba. Luego, colocaba todo en una cacerola, los distribuía en forma pareja en el fondo, le agregaba alguna crema arriba y espolvoreaba todo con queso rallado. Luego de 45 minutos bajo papel aluminio a 180 ºC (350 ºF), lo sacaba del horno, le asignaba un elegante nombre con estilo francés y... *¡voilà!*

Mi mamá hacía maravillas con las sobras.

Pero nadie iguala a Dios: toma el desastre que hicimos, los problemas que ocasionamos y los transforma en algo que parece asombrosamente prometedor. Derrama la crema de Su Espíritu sobre todo, espolvorea algo de gracia y misericordia, lo coloca en el horno caliente de la prueba y la adversidad y, *¡voilà!,* sale una ofrenda deliciosa que nunca pensamos que nuestra vida volviera a producir, lista para servir a un mundo hambriento que también necesita redención.

Puedes volver a disfrutar de este aroma apetitoso que flota desde la cocina, sin importar lo que hayas hecho hasta ahora para apestar el lugar. Tu Padre está dispuesto a transformar tus errores en milagros, al recuperar lo que pensaste que estaba perdido y descartado. Pero no podrás disfrutar de nada de esto hasta que confieses tu huida y tu rebelión y te pongas de acuerdo con Dios en lo que te revela sobre tu vida. Hasta que no pidas perdón. Hasta que no te arrepientas de verdad.

Entonces, que comience la sacudida. Y sin importar lo que brote del vaso, agradece al Señor por purificarte de los venenos que habrían seguido quitándote la salud espiritual, la libertad y la abundancia durante mucho tiempo, robándote cada vez más. Si como resultado, observas que surgen en ti gran enojo y oposición, o quizás un apetito insaciable de escapes pecaminosos, reconoce los resultados diligentes de la disciplina fiel de Dios en acción, que trae incluso tus errores ocultos a luz.

Implora la liberación de estas resistencias de tu naturaleza caída. Con valentía, coopera con Él al permanecer firme, sabiendo que estas tendencias arraigadas intentan volver con persistencia, y pide Su perdón a medida que te las revela. Confiesa tu necesidad y tu incapacidad de hacer algo al respecto sin Su ayuda y Su poder. Anhela Su sanidad y Su utilidad renovada de la misma manera que deseas salir de esta situación incómoda. Y prepárate a enfrentar la próxima interrupción con un corazón y una actitud diferentes.

Dios puede hacer mucho en ti... dentro de un pez llamado Gracia.

CAPÍTULO 9

En busca de cambios

«Mas yo con voz de alabanza te ofreceré sacrificios; pagaré lo que prometí. La salvación es de Jehová».

Jonás 2:9

Uno de mis programas de televisión favoritos es *Clean House* [casa limpia] en el canal *Style Network* [cadena de estilo]. ¿Alguna vez lo viste? Ubican a una familia o una pareja que en la casa tengan un desorden que los sobrepase. Entonces, la alocada presentadora y su equipo se apresuran a ayudarlos a abordar una montaña de desafíos.

Mientras un obrero habilidoso construye muebles y estantes nuevos para guardar todo lo que está tirado al azar por el suelo, un decorador comienza a seleccionar entre lo que puede encontrar para incorporar a un nuevo diseño global. Un organizador profesional clasifica montañas de papeles y provisiones para resolver la mejor manera de sistematizar el caos de la familia, mientras un experto en ventas de garaje busca qué vender en el jardín. Cada episodio de una hora captura la inmensidad de la tarea, y es sumamente entretenido mirarlo, aunque en realidad, debe ser una pesadilla.

En los últimos minutos, los dueños vuelven a la casa y se sorprenden al encontrar las habitaciones completamente organizadas, bien decoradas e impecables, libres de toda la basura y el desorden extenuante que antes cargaban el lugar. Algunos, se ríen con completo asombro al ver su casa. Otros lloran. Pero todos siempre quedan atónitos al ver la transformación que ocurrió en el poco tiempo que no estuvieron allí. Lo que parecía tan imposible de superar ahora volvió a ser manejable y recuperó su libertad. Sienten que les devolvieron la vida.

No obstante, la presentadora no se va sin antes hablarles a los emocionados dueños de casa sobre la cantidad de mantenimiento que se necesitará para conservar lo realizado. Las superficies ordenadas y pulcras no se mantendrán solas. Los cajones y los armarios nuevos y agradables no permanecerán prolijamente ordenados sin una deliberada atención a los detalles. Le explica a la familia que su equipo se irá y la responsabilidad de mantener la casa es de los que viven allí. Basta de acumular cosas. Basta de comprar lo que no se necesita y abarrotarlo en lugares donde nadie puede caminar. Basta de desordenar todo y suponer que otro lo ordenará. Si quieren que la casa permanezca limpia, organizada y cómoda para sus amigos e invitados, tienen que cambiar su manera de actuar.

Deben decidir vivir de otra manera.

Lo mismo podría decirse de nosotros, en cuanto a nuestra vida personal. Las bendiciones mayores del arrepentimiento seguirán sin concretarse y fuera de nuestro alcance si, aun después de *reconocer nuestro pecado, aceptar la disciplina* y *buscar el perdón de Dios,* volvemos a nuestra vieja manera de vivir. Qué lástima desperdiciar aunque sea un período corto en el vientre del pez sin cambiar lo que nos llevó allí en primer lugar. El arrepentimiento exige que cambiemos de camino, que cooperemos con el Espíritu de Dios para mantener lo que tanto le costó quitar de nosotros.

No podemos detenernos solo a reconocer y estar de acuerdo con Dios en que dimos un giro equivocado. Ahora, debemos *actuar junto con la dirección de Dios*. El arrepentimiento es un vehículo de tracción en las cuatro ruedas.

¿Recuerdas cuando intenté llevar a mi amiga a un restaurante en el centro? Tuve que girar en una zona de construcción y terminé de vuelta en la autopista. No habría sido de mucha ayuda si solo hubiera admitido que me equivoqué de camino, si solo aceptaba que me costó tiempo e inconvenientes, o si no hubiera hecho nada más que pedirle perdón a mi amiga por no mirar hacia dónde iba. Cuanto más tiempo malgastara en arrepentirme sin hacer algo para corregir el rumbo, más y más me alejaría de mi destino.

Arrepentirse significa bajar en la primera salida, corregir el rumbo lo antes posible y dirigirnos al camino de regreso.

Para Jonás, significó colocar a Tarsis en el espejo retrovisor. Y sacar a Nínive de su punto ciego.

¿Qué clase de cambio significa el arrepentimiento para ti?

Afuera lo viejo

Luego de caer en tierra seca, Jonás recordó y grabó las palabras de su oración consternada y desesperada. A juzgar por su oración en el capítulo 2, es evidente que reconoció cuánto se había hundido, tanto física como espiritualmente.

«Me echaste a lo profundo, en medio de los mares,
y me rodeó la corriente; todas tus ondas y tus olas
pasaron sobre mí. Entonces dije: Desechado soy de
delante de tus ojos [...] Las aguas me rodearon hasta el

alma, rodeóme el abismo; el alga se enredó a mi cabeza. Descendí a los cimientos de los montes; la tierra echó sus cerrojos sobre mí para siempre» (vv. 3-6).

El profeta sabía que se había equivocado demasiado. Su experiencia dentro del gran pez había sido un gran llamado de atención... como lo son en general estas experiencias.

Sin embargo, era necesario que fuese más que eso. Y para Jonás, así fue. En general, podemos decir que el esfuerzo de Yahvéh de conservar y proteger la vida de Jonás dentro del vientre del pez tuvo el efecto deseado, porque salió de esta terrible prueba con mucho más que una conciencia pasada de la magnitud de su error. Además, pudo comprender claramente que tenía que cambiar. Antes, se convenció de huir de Dios; ahora, en oración, planeaba salir del camino de la desobediencia y la rebeldía para volver a estar de acuerdo con el programa de Dios.

Su oración penitente revela su cambio de rumbo. Se dirigía en la dirección de Dios. Planeaba cumplir su llamado, aunque no fuera lo que quería hacer. Y para que conste... No era lo que quería.

A Jonás no le brotó de repente un profundo interés y un deseo de ir a Nínive, aunque estaba seguro de que no quería más lecciones divinas de nada. El cuarto capítulo de Jonás, luego del avivamiento (ya llegaremos allí), revela que todavía esperaba que los ninivitas no recibieran la misericordia de Dios. No obstante, decidió *ir*. Aunque todavía sentía hostilidad hacia sus enemigos, algo de enojo persistente por haber sido llamado lejos de Jerusalén y probablemente, una sensación constante de desilusión y desencanto con Dios, Jonás estaba preparado para hacer lo correcto.

Eso me alienta. A menudo, intentamos arrepentirnos sobre tres ruedas porque no queremos cambiar la cuarta. Hacer los ajustes que Dios quiere puede hacernos sentir un poco... desinflados. Sabemos que deberíamos alejarnos de nuestra estrategia de huida elegida y aceptar la intervención divina. Somos conscientes de que deberíamos ir a Nínive. Lo *sabemos*, pero no esperamos con ansias *hacerlo*. Y hasta que cambiemos de parecer, ¿cómo podemos sacarle el freno de mano a nuestro arrepentimiento?

Jonás ilustra que incluso cuando no tienes deseos de hacerlo, puedes decidir dar la vuelta y dirigirte donde Dios te llama. Es más, *¡debes hacerlo!* Los sentimientos pueden ser el mayor enemigo de la verdad. Así que aunque en lo más profundo de tu ser no quieras rendirte, disponte a seguir a Dios de todas formas, a someterte a esta intervención divina que ha aparecido con la forma de una interrupción enloquecedora. Quizás, lo que Dios te pidió que dejes atrás siga resultándote atrayente, pero el arrepentimiento no se invalida porque tus sentimientos no hayan alcanzado aún a tu decisión y tu determinación. Al final, el arrepentimiento requiere ganar impulso sin inmutarse, yendo a toda velocidad en dependencia absoluta del poder del Espíritu para enfrentar tus deseos y motivaciones.

Sigue adelante. Cambia. Luego, en oración, apóyate en Dios para hacer que tus sentimientos te sigan.

Hace poco, compramos con mis hermanos un nuevo microondas para mis abuelos. Necesitaban uno urgente. Mi valiente abuela había usado su horno tostador de la década del 80 mucho más de lo que debería... ¡y tenía las cicatrices para probarlo! Se quemó muchísimas veces con algunas de las calientes superficies expuestas. Además, con el correr de los años, el horno tardaba más y más en cocinar. Se había vuelto peligroso e ineficiente.

Cuando llegamos con el nuevo artefacto, nos sonrió ampliamente, con mucha gratitud. Observó con atención mientras Jerry desenchufaba el viejo horno de la pared e instalaba el nuevo.

Pero aunque le agradaba el reemplazo, vaciló cuando le dijimos que nos llevaríamos el pesado original y lo dejaríamos en el depósito de basura. Ya sea por la familiaridad y el apego que sentía luego de haberlo usado para preparar tantas comidas para ella y su esposo, o por su naturaleza práctica que le decía que era una lástima tirar algo si parecía funcionar todavía, prefirió que lo colocáramos en el sótano... ya sabes, «por si acaso».

¿Por si acaso? ¿Por si acaso qué? Ahora tenía un microondas nuevo y brillante, recién sacado de la caja, listo para años de uso en la cocina. No necesitaba un respaldo ni una razón para volver a intentar cocinar con ese trasto viejo. Este nuevo electrodoméstico prometía hacer su vida más satisfactoria, evitar quemaduras o algún golpe eléctrico cuando menos lo esperaba, eliminar el malgasto de tiempo con todos los problemas y los retrasos que experimentaba a diario. Sin embargo, le costaba deshacerse del viejo.

Y de alguna manera, es comprensible. Hacía tanto que manejaba esos discos selectores, que probablemente los había marcado con el borde de los dedos. Podía manejarlo a oscuras si hubiera sido necesario. Había estado en el mismo aparador durante tantos años que sería extraño no verlo allí cuando entrara a la cocina a la mañana para desayunar.

Lo viejo puede resultarnos cómodo. Y reconfortante. El plan que teníamos, las ambiciones de vida que habíamos establecido, la imagen de esta etapa de nuestra vida que teníamos en mente... son difíciles de soltar cuando Dios nos pide que nos sometamos a algo nuevo y desconocido. Extrañamos tenerlas en la casa. Las añoramos cuando no sabemos cómo descongelar una hamburguesa sin leer el manual del usuario.

Nos acostumbramos a hacer las cosas como antes.

Pero Dios, mediante el privilegio misericordioso del arrepentimiento, nos dará algo nuevo para hacer. Nos mostrará cómo responder a las intervenciones divinas de maneras más receptivas, obedientes e incluso más emocionantes. Y si somos persistentes, veremos cómo el fruto de estos cambios y nuevas decisiones contrarresta nuestros sentimientos iniciales de rechazo. Al igual que mi abuela, quizás sigamos teniendo afinidad por lo viejo: las actitudes, los gustos y las preferencias del pasado, pero cuando actuamos junto con la nueva dirección de Dios, descubrimos los beneficios del cambio.

Así que, ¡afuera lo viejo! Está bien. Lo que Dios tiene para nosotros es mucho mejor.

Lo que tú digas

Antes de que alguien se lleve la impresión equivocada, quiero señalar que aunque para arrepentirse sean necesarios una tonelada de valentía y un compromiso alimentado con el poder del Espíritu, eso no significa que se trate de fuerza bruta sin sensibilidad o discernimiento. Arrepentirse no quiere decir ir para donde nos parezca, sino ir en la dirección *de Dios*. Y puede significar una gran diferencia.

Como ya sabes, el diablo nunca está lejos cuando alguien se arrepiente o considera hacerlo. Y si no puede tentarnos a volver a nuestros patrones cómodos, es probable que intente engañarnos para que escojamos un método más agradable para reparar el daño: algo que nos *parezca* arrepentimiento, aunque no sea exactamente lo que Dios nos pide.

Lee detenidamente, por ejemplo, las palabras de Jonás:

«Mas yo con voz de alabanza te ofreceré sacrificios;
pagaré lo que prometí» (Jonás 2:9).

Probablemente, hablaba del sacrificio de paz que se estableció en Levítico 7, que incluía un sacrificio animal y una ofrenda de cereal. Y prometió realizar esta ofrenda «con voz de alabanza». Parece referirse a «canciones que acompañan la realización del sacrificio».[12] Jonás no solo se refería a sacrificios materiales sino también verbales: el «sacrificio de alabanza» (Heb. 13:15).

Por supuesto, no tiene nada de malo que Jonás deseara regresar a Jerusalén para completar sus rituales ceremoniales al Señor. Después de lo que hizo, es alentador que buscara restaurar su adoración a Dios.

Pero para ser sincera, por más admirable que fuera este plan, no es lo que Dios le había ordenado. Le había dicho que fuera a Nínive. Ir a Jerusalén no era la voluntad de Dios sino la *de Jonás*. Y aunque estaba bien regresar al templo y a su ambiente religioso conocido, no sería un sustituto de su desobediencia al no cumplir el llamado divino para su vida. Por eso, las primeras palabras del Señor a Jonás cuando volvió a tierra seca reflejaron las que le dijo al comienzo: «Levántate y ve a Nínive» (3:2). Todas las tortas y las galletas sin levadura del mundo, untadas con dedicadas pinceladas de aceite de oliva y presentadas al Señor en alabanza y honor solemne y agradecido, no podían reemplazar su obediencia espontánea y sumisa.

Cumplir con su misión en Nínive era más importante que compensar sus errores volviendo a Jerusalén.

A veces, cuando nos descubren en plena huida rebelde y reaccionamos al dolor haciendo promesas de cambio, decidimos volver a asistir al estudio bíblico de los lunes. Oramos más. Ayunamos todos los viernes. No comenzamos a comer, incluso en público, sin bendecir los alimentos. Hacemos lo que nos hace sentir espirituales, renovados, conectados con Dios otra vez.

Bien.

Sin embargo, Dios busca una *relación* con nosotros y nuestra *obediencia*, no solo una reacción religiosa. Prefiere que *enmendemos* nuestra situación con Él en lugar de solo comportarnos bien. Si no lo comprendemos, pueden persistir las mismas evasiones de antes (las que Dios nos reveló al interrumpirnos e intervenir en nuestra vida), aun luego de pedir perdón e intentar arreglar las cosas con Él.

«El obedecer es mejor que los sacrificios», le dijo el profeta Samuel a un confundido rey Saúl (1 Sam. 15:22), quien pensaba que podía pasar por alto su desobediencia a un claro mandato de Dios, mediante un ejercicio religioso que mostraba su gran estatura espiritual. Aunque Yahvéh había *permitido* los sacrificios para expiar el pecado, no eran lo que deseaba. Anhelaba personas que tuvieran un corazón obediente y permanecieran en comunión con Él, no gente que eligiera su propio camino y luego acudiera al altar para obtener el perdón. Ofrecer un sacrificio era más fácil para Saúl que obedecer.

Nosotros también solemos esconder algo de desobediencia detrás de nuestros «sacrificios», por más bienintencionados y sinceros que sean, al pensar que nos cubren y nos eximen de un trato más profundo y personal con Dios. Si somos fieles en la iglesia, cantamos en el coro o realizamos viajes misioneros cortos, ¿esperará Dios que nos ocupemos de Su mandamiento más reciente y nos sometamos a Sus instrucciones? Quizás, solo quizás, pensamos que podemos satisfacerlo a nivel religioso como para que nos deje tranquilos. Entonces, esperamos no tener que enfrentar nuestro prejuicio racial, rendirnos a un ministerio a tiempo completo, arriesgarnos a invitar a un vecino inconverso a tomar el té y conversar o decir «sí» a un impulso de parte de Dios que siempre obtuvo un «no» de nuestra parte. Esperamos no tener que preocuparnos por responder de otra manera a las interrupciones, sin detenernos a considerar si serán intervenciones divinas, una invitación a participar con Dios en algo de importancia eterna y sobrenatural.

Pero, ¿qué te dijo Dios? ¿Qué te llamó a hacer? ¿Lo estás haciendo? ¿Estás cambiando? ¿Te estás sometiendo a la intervención divina?

Nuestras respuestas revelan si estamos arrepentidos de verdad.

La encrucijada de Jonás

Este momento en la vida de Jonás (capítulo 2, versículo 9) es lo que muchos comentaristas consideran como el mensaje central de toda su aventura, el eje sobre el que gira toda la historia. «La salvación es de Jehová», declaró el profeta. No solo para los judíos sino para todos. Dios no solo lo desafiaba a comprenderlo y aceptarlo sino también a actuar en consecuencia. A participar. Lo llamó a moverse junto con la dirección de Dios, a cambiar. Es más, era un llamado para Israel.

Cuando se escribió el libro de Jonás, su propósito original fue que los israelitas lo escucharan. Dios deseaba que la misión de este profeta le recordara a Su pueblo escogido, algo que no podían comprender: Dios tenía compasión de los que vivían fuera de Israel y quería derramar Su misericordia sobre ellos. Aun hasta en la época del apóstol Pablo, esto se consideraba un gran «misterio»: que los gentiles pudieran transformarse en «coherederos y miembros del mismo cuerpo, y copartícipes de la promesa» (Ef. 3:6).

Increíble. No podía ser.

Qué lástima si Jonás hubiera decidido no aprovechar esta oportunidad maravillosa de participar de los planes sorprendentes de Dios para la humanidad. Qué lástima si Israel no la hubiera aprovechado. Y lo más importante, qué lástima si *nosotros* la desaprovechamos. No sabemos qué experiencias impresionantes podemos perdernos cuando elegimos nuestra vieja manera de hacer las cosas, nuestros antiguos planes y ambiciones, nuestro propio camino (que no tiene comparación con lo que Él tiene para nosotros), en lugar de mirar más allá de lo conocido y confiar en que Dios puede tener planeado algo especial.

Sumamente especial.

Porque cuando estudiamos a fondo Jonás 2:9 en el idioma original vemos que la palabra hebrea para «salvación» es un derivado del nombre *Yeshua*: el mismo que María le pondría a su Hijo, según instrucción divina, siglos después. «Para el cristiano que lee esta conclusión a la oración de Jonás en el idioma original es imposible pasar por alto esta palabra que se parece tanto al nombre hebreo Jesús, que ha significado libertad y salvación para los pueblos del mundo».[13] Cuando Dios nos invita a actuar junto con Su dirección, no nos pide que prescindamos de nada. Interviene para que participemos en algo mucho más emocionante y valioso que lo que podríamos encontrar si nos encerramos en nosotros mismos o permanecemos en nuestras rutinas cómodas. Nos ofrece *Su misma persona*, la vida con Dios, la experiencia más emocionante para el ser humano.

Y si eso no cambia todo, no sé qué lo hace.

Así que este momento clave en la experiencia de Jonás es nuestra oportunidad de asociarnos con Dios, para ver si en verdad comprendemos las razones detrás de nuestras interrupciones en la vida, de nuestras *intervenciones divinas*.

- ¿Hay algo (algún modo de pensar, una relación, una ambición o estilo de vida) que no estemos dispuestos a entregar si Dios nos lo pide?

- ¿Nuestros corazones están dispuestos a obedecer a Dios?

- ¿Lo seguiremos solo hasta cierto punto?

- ¿Hay algún nivel tácito de incomodidad que no estamos dispuestos a tolerar para rendirnos a Él?

- ¿Hay algo que no haríamos por más que el Señor nos lo pidiera?

Puede ser un buen momento para dejar el libro y enfrentar de lleno estas preguntas. No alcanza con leerlas. Tenemos que reconocer lo que nos preguntan. Quizás solo exijan un «sí» o un «no», pero su profundidad es mucho mayor. Requieren que no solo asintamos con el corazón sino también con los pies, con nuestro tiempo, el calendario y la chequera, en obediencia humilde y en respuesta a la autoridad soberana de Dios sin importar lo que cueste.

Hora de soltar

A Jude le encantan las bellotas. No sé qué tienen estas pequeñas bellotas que despiertan tanto su infantil interés, pero cuando salimos, comienza de inmediato a escudriñar el horizonte en busca de ellas. Se ha transformado en un pequeño acaparador e intenta recoger todas las que le entran en sus manitos sucias. Lo observo y me río mientras hace malabares con todas las bellotas.

El otoño pasado, antes de que comenzara a hacer frío y a nevar en Dallas, pasaba casi todas las tardes afuera con los niños. Un día, Jude estaba en medio de su búsqueda habitual de bellotas, cuando se encontró con un frasco que uno de sus hermanos había dejado allí el día anterior. Todos los insectos que habían capturado y encerrado en su interior habían aprovechado la noche para escapar, y solo quedaba una bellota.

Una bellota solitaria. Allí mismo en el frasco. *¡Tenía* que sacarla!

De inmediato, se transformó en una versión en miniatura de Sherlock Holmes y se puso a investigar cómo obtener su trofeo. Por fin, se decidió por un plan: meter la mano por la estrecha abertura del frasco, tomar firmemente la bellota y, sin soltarla, sacarla en su puño. Sin embargo, este último paso resultó ser problemático. Su puño cerrado con la bellota adentro era demasiado grande para pasar por la boca del frasco.

Mmh...

Lo observé forcejear durante un rato. Luego, cuando vi que comenzaba a frustrarse, fui a ayudarlo. (¡No necesitaba lavarme los dientes esta vez!) Estaba comenzando a ponerse colorado y a levantar la voz. Intenté explicarle que si soltaba la bellota, podría sacarla volcando el frasco, muy fácilmente, y se la daría para que la disfrutara. Pero no quería saber nada con mi plan. No estaba dispuesto a soltarla.

Durante un rato más, observé a mi hijo caminar por el patio con un frasco de vidrio colgándole del brazo, con el puño cerrado en el interior y la bellota asegurada en su palma. Sin embargo, no podía jugar demasiado mientras siguiera aferrándose a esa nuez que tanto deseaba. Su esparcimiento se vio obstaculizado simplemente porque... No la quería soltar.

«Los que siguen vanidades ilusorias, su misericordia abandonan», declaró el profeta Jonás desde el vientre del pez (Jonás 2:8). Cuando no dejamos que el ciclo de arrepentimiento dé esa vuelta final y decisiva hacia el camino de regreso a casa, rechazamos la experiencia completa y constante del amor fiel de Dios. Al aferrarnos a pecados, ambiciones, objetivos conocidos y otras comodidades que no nos llevan por el camino de Dios, perdemos mucho más de lo que vemos, más de lo que puede proporcionar cualquiera de estas cuestiones.

Sin importar qué intervención divina haya puesto el Señor en tu camino, ¿ha revelado algunas cosas a las que te aferras demasiado? ¿Te ha dolido que Dios intervenga y las arranque con fuerza de entre tus dedos, no para quitártelas sino para colocar algo invaluable y nuevo en su lugar?

Los nudillos de Jonás deben de haberse puesto blancos del dolor mientras la mano santa de Dios lo obligaba a abrir la suya. Sin embargo, con las palmas planas y vacías, levantó los brazos al Señor en dulce rendición y prometió ir con Dios, aunque significara viajar a Nínive.

Es tu turno de hacer lo mismo.

El cambio te sentará bien.

Cuarta parte

Segundas oportunidades

CAPÍTULO 10

Siempre hay más

«Vino palabra de Jehová por segunda vez a Jonás, diciendo».

Jonás 3:1

Recuerdo bien el día en que estaba sentada junto a la ventana de mi habitación y un versículo del libro de Jonás me impactó de tal manera que caí de rodillas al suelo. Había trabado la puerta con llave para tener un tiempo de paz y tranquilidad con el Señor (tengo tres niños pequeños, ¿recuerdas?), y el Espíritu Santo *destrabó* Su Palabra con una declaración súbita, tan llena de esperanza y promesa que comencé a alabar. Con las manos extendidas hacia el cielo, oré con una gratitud espontánea que hacía mucho yo no experimentaba. Dios me habló y fue poderoso.

Quedé cautivada.

En primer lugar, al estudiar el abrupto llamado de Dios al profeta me sentí de alguna manera identificada por el impacto que experimenté al enterarme de que nuestro hogar de dos padres y dos hijos se expandiría. Mi tercer embarazo me tomó completamente por sorpresa. Fue inesperado. Una vez más, me enfrentaba a una interrupción, pero esta vez a una más importante que nunca. Y la conocida historia de Jonás en el Antiguo Testamento parecía tener ejemplos y respuestas que Dios deseaba que aplicara a mi situación.

Sin embargo, si necesitaba que Su Espíritu volviera a confirmarme que este libro en particular tenía algo importante que decirme, sucedió en este momento especial a solas, en contraposición a esta ocasión esencial de la Escritura, cuando «vino palabra de Jehová por segunda vez a Jonás» (Jonás 3:1).

No dejes que la sencillez o brevedad de esta frase oculte su profundidad y su poder.

Dios habló... por segunda vez.

Se especializa en segundas oportunidades.

Cuando nos equivocamos, cuando nos rebelamos, cuando huimos de los planes que desplegó frente a nosotros, recibimos otra oportunidad.

¿Acaso no necesitamos saberlo a veces?

Ese fue mi caso. Y todavía lo es. Porque soy Pablo: el pecador principal. Soy Pedro: el que le prometió muchas cosas a Dios que no pudo (o no quiso) cumplir. Soy Samuel: la persona que necesitó que Dios le hiciera repetidos llamados antes de reconocer Su voz.

Y soy Jonás: alguien que, a pesar de escuchar a Dios con claridad, dio la vuelta y huyó en dirección opuesta. Varias veces, Dios puso circunstancias en mi vida con la intención de guiarme por un camino distinto al que deseaba o esperaba, quizás a una velocidad mayor o menor de la que tenía en mente, y me he rebelado en contra de Su intervención. Me pareció una interrupción descortés e inoportuna: la alteración en la carrera musical, la pérdida del romance universitario, el fin de la trayectoria en televisión. A menudo, me precipité a sacar conclusiones equivocadas. Y en este momento, tampoco me rendía del todo a la idea de un nuevo bebé y de los cambios que exigía esta nueva fase del ministerio a la que Dios nos llamaba. No terminaba de someterme a Su señorío y soberanía. Y me avergonzó mi actitud.

Sin embargo, Dios me dio una segunda oportunidad. Una y otra vez. Y no logro comprender por qué.

En ese día soleado en mi habitación, la plenitud de esta realidad llena de gracia impactó en lo profundo de mi espíritu. Y recuerdo exclamar con asombro y gratitud: «Señor, gracias por decidir hablarme otra vez, por no permanecer distante y frío en las alturas y no archivarme en un estante cuando te di la espalda y no acepté lo que intentabas lograr en mí». En cambio, Dios todavía quiere hablarnos, quiere usarnos y espera con ansias lo que nos ayudará a hacer mediante una segunda oportunidad.

Nunca quiero dejar de asombrarme de la bendición de una segunda oportunidad. Quiero llegar al punto (luego de las muchas intervenciones fieles de Dios) en que pueda decir: «Señor, a partir de ahora, estoy dispuesta a rendirme a lo que quieras que haga». Me he equivocado (y lo seguiré haciendo) en la práctica, pero sé que Él seguirá ofreciéndome nuevas posibilidades para completar mi parte. Y aunque no quiero abusar de esto, sé que dependo de Sus segundas oportunidades.

Por eso alabo todos los días a este Padre con un corazón tierno para Sus hijos, quien disfruta al perdonarnos y nos ama lo suficiente como para permitirnos un nuevo intento.

La palabra de Jehová no solo vino. Vino «por segunda vez».

Y para mí, es una noticia estremecedora.

Sé que acabamos de transitar una etapa profunda y submarina junto a Jonás, donde experimentamos una vez más lo que se siente cuando nos descubren en una rebelión abierta, con el corazón resistente, y una falta de disposición a creer y considerar que el plan levemente nuevo de Dios para nuestra vida es más fructífero que el que ya tenemos. Si te pareces a mí, no te fue fácil mirar algunas de las cosas que comprendiste sobre ti en esta parte del viaje. No quisiste pensar que eras capaz de contestar o cuestionar de esa manera. No habías reconocido lo inflexible e inmanejable que te habías vuelto hacia Dios, ni la rapidez con la que protestas cuando Él comienza a llevarte a lugares donde no quieres ir.

Y como Jonás, cuando la luz eficaz de las circunstancias y las consecuencias divinas iluminó tu corazón, quizás hayas sentido una ola de culpa y condenación que te convenció de que Dios quería desecharte de delante de Sus ojos (Jonás 2:4).

Sin embargo, así no es el Dios a quien sirves. Así no es el Dios que sigue extendiéndote la mano aunque retrocedas. Vuelve a mirar hacia Su «santo templo», como hizo Jonás (v. 4). Recibe una gracia de la que nunca puedes huir, una misericordia divina de alcance ilimitado.

Acepta tu segunda oportunidad, aun en medio de una interrupción inoportuna.

Es otro regalo de tu Padre celestial.

Mi esposo, Jerry, nunca me resulta tan atractivo como cuando atrapa a alguno de nuestros hijos en un error evidente pero decide darle otra oportunidad. Veo cómo el pequeño mira a su papá, nervioso por la disciplina que sabe que merece. Y entonces, sin justificar ni omitir lo que hizo, lo he visto inclinarse, besarlo en la mejilla y dejarlo ir. Para mamá, es lo mejor que puede hacer.

Así como Dios lo ha hecho por mí. Y por ti.

«Vino palabra de Jehová por segunda vez a Jonás». Esta fotografía instantánea de la vida de un profeta resistente es, de muchas maneras, el pináculo de su historia. Y es mi esperanza y mi oración que sea la palabra de Jehová que necesitabas escuchar hoy... quizás, que has necesitado escuchar hace mucho tiempo. Agradece al Señor por las segundas, terceras, cuartas, quintas, quincuagésimas y centésimas oportunidades. Por más que intentemos correr y huir, Dios nos busca y nos devuelve a Su plan para nuestra vida.

Puedes llamarlo «el sabueso celestial».

La danza de los redimidos

Esto de la segunda oportunidad no es propiedad exclusiva de Jonás. El plano de Dios para crear nuevas oportunidades aparece en la vida de las personas desde principio a fin de la Escritura.

Los hermanos de José, por ejemplo, aparecen en el libro de Génesis como una progenie celosa y maquinadora, decidida a vengarse con resentimiento de su hermano menor algo presumido pero en esencia, audaz y sincero. El favoritismo de su padre había añadido leña al fuego y los había hecho sentir justificados al defenderse de esa traición. Así que en un acto desalmado de odio y abandono, vendieron a José como esclavo a Egipto, con la esperanza de no volver a verlo. Sin embargo, cuando la hambruna los llevó a salir de su aislamiento para ir a Egipto a buscar ayuda y provisiones, cosecharon las consecuencias de sus acciones precipitadas, que llevaban años sin resolverse, en una cita divina con su hermano. Atrapados con las manos en la masa, pensaron que deberían pagar sus antiguas afrentas con sus propias vidas. Pero aunque José tenía el poder y la autoridad para devolverles el cruel favor, les dio en cambio el regalo de una segunda oportunidad, pues sabía que Dios había encaminado «a bien» lo que ellos hicieron con maldad (Gén. 50:20).

Las segundas oportunidades.

Probablemente, Aarón siempre se sintió como la sombra de su hermano Moisés. Sin embargo, la función que Dios planeaba darle como sumo sacerdote para oficiar en el tabernáculo era sumamente importante. Disfrutaría del privilegio de entrar al lugar santísimo y experimentar el deleite de la presencia de Dios como pocos podían. No obstante, mientras Moisés estaba en el Monte Sinaí recibiendo (entre otras cosas) instrucciones para la confección de las prendas sacerdotales y las prácticas de consagración de su hermano, las acciones de Aarón se alejaron mucho de la santidad, al ceder al deseo frenético del pueblo de tener un dios sustituto. Aun cuando Aarón fracasó tanto como líder, Dios no se precipitó a buscar un reemplazo ni lo descartó. Le dio una segunda oportunidad y lo designó como sumo sacerdote, incluso luego de su demostración pública de mal criterio (ver Ex. 29–32).

Las segundas oportunidades.

En la enseñanza de Jesús, solo una vez aparecen tres parábolas seguidas para comunicar algo en particular. Y en esta oportunidad, el Señor comunicó la naturaleza restauradora del corazón del Padre (ver Lucas 15). Escogió una oveja, una moneda y un hijo perdidos como analogías inolvidables de la manera en que Dios maneja Sus posesiones, aunque se extravíen por nuestra insensatez o descuido.

El mensaje de estas parábolas tiene que haber sido revolucionario para la mentalidad judía del primer siglo. No concebían a un Dios que buscara lo que se perdía, como el pastor que se da cuenta de que una de sus preciosas ovejas se alejó del rebaño. No se inclinaban a pensar que a Dios le importara tanto o gastara semejante energía en un alma perdida. Sin embargo, la conclusión evidente es que el corazón de nuestro Salvador hecho siervo busca, salva y restaura a los que ama, a personas como nosotros que ni siquiera son conscientes del peligro en que se encuentran, que han decidido darle la espalda o que se alejan poco a poco de Su mejor plan para ellas.

Las segundas oportunidades.

Nuestro Dios se caracteriza por otorgarlas.

Y cuando las recibimos (al igual que el pastor que encuentra su oveja perdida, la mujer que recupera su moneda extraviada o el padre que recibe a su hijo pródigo), tendríamos que regocijarnos como si no existiera un mañana, como hicieron estas tres personas. No debería haber palabras para describir nuestra alabanza.

En mi congregación, hay un joven llamado Daniel, quien se ha vuelto notorio entre nosotros. Se sienta en la primera fila todos los domingos, y cada semana, sin falta, danza ante el Señor en la amplia zona alfombrada entre la plataforma y la primera fila.

No asisto a una congregación en donde se dance. Es decir, levantamos las manos, hablamos un poco en voz alta y no nos molesta emocionarnos de felicidad por Jesús mientras lo hacemos, pero no bailamos mucho que digamos. Sin embargo, a Daniel no le importa, se sienta en su lugar preferido todos los domingos y comienza a alabar a su manera. Baila. Y francamente, a menudo me he preguntado de dónde surge este impulso suyo.

Bueno, hace poco le pregunté. Y me lo dijo.

La madre de Daniel tiene una enfermedad mental, así que al nacer, lo adoptaron sus abuelos. Vivían en una zona difícil y empobrecida de la ciudad, con muchos problemas que invitaban a los más jóvenes, aunque ellos no los buscaran. Cuando falleció su piadoso abuelo, Daniel perdió lo único que había impedido que cayera en la cultura de la droga que consumía su escuela y su vecindario. Y un día aciago, en medio de un desastroso intercambio de drogas, este muchacho apretó el gatillo de una pistola y mató a una persona a sangre fría. Lo sentenciaron a permanecer en custodia de la *Texas Youth Commission* [Comisión juvenil de Texas] hasta cumplir dieciocho años y recibir su sentencia adulta.

Le tenía terror a esta fecha (mucho más de lo que otros anhelan llegar a esta edad), porque aunque el centro correccional de menores no era nada agradable, no se compararía a la prisión estatal. Con cada día que lo acercaba a ese hito monumental de la adolescencia, se le anudaba más el estómago. Su pánico al futuro se hizo cada vez más miserable y desagradable, y le aterraba pensar en eso.

Lo que menos se imaginaba al entrar a ese tribunal revestido en madera en su decimoctavo cumpleaños, era que el cambio en su vida sería para mejor. *Mucho* mejor. La abuela de la víctima del tiroteo había escrito a mano una carta a las autoridades, pidiéndole al tribunal: «Por favor, denle a este joven una segunda oportunidad». El juez, conmovido por la compasión de la afligida abuela, recomendó clemencia para el caso de Daniel. Se suspendió su sentencia. Pudo salir por la puerta sin más que un período de libertad condicional.

«Y danzaré en el frente de esta iglesia hasta que me muera», me dijo, «porque cuando te dan una segunda oportunidad, tienes algo por qué bailar».

Y si a un hombre expulsado desde un pez luego de pasar tres días en su tubo digestivo le queda algo de fuerza en las piernas, creo que Jonás debe de haber brincado por la arena frente al mar.

Las segundas oportunidades merecen una celebración.

Una oportunidad única en la vida

Muchos judíos practicantes consideran el Yom Kippur, o el Día del perdón, como el día más santo del calendario religioso. Es el ayuno más solemne del año judío, el último de los diez días de penitencia, para conmemorar la entrega de las segundas tablillas a Moisés luego de que rompió las primeras con ira al ver el espectáculo de Aarón con el becerro de oro al pie del Sinaí (es interesante, ya que hablamos del tema en este capítulo). Pero a la luz de este libro, nos resulta más interesante que la parte central del servicio vespertino de Yom Kippur, conocido como *Mincha*, consiste en una lectura pública del libro de Jonás. El razonamiento es que si Dios pudo perdonar a Nínive y a Jonás, sin duda puede perdonarnos a nosotros. Jonás es el principal ejemplo de la importancia del arrepentimiento y de la esperanza luego de la falta de entrega y sujeción a Dios.

Este fragmento de cuatro capítulos sobre la vida de Jonás que podemos leer y estudiar es una teología viva de la compasión de Dios al ofrecer segundas oportunidades.

A nosotros también.

Ahora, no quiero dejarte la impresión de que las segundas oportunidades hacen que, al instante, nuestra vida se vuelva completamente sencilla, o que pase de ser dura como roca a ser demasiado fácil. (En el próximo capítulo, examinaremos este tema con mayor profundidad). No se trata solo de un dulce suspiro de alivio ni de un nuevo impulso para caminar. Por ahora, quiero que sepas que recuperarse y poder seguir adelante siempre es una posibilidad para un hijo de Dios. Si últimamente no has estado seguro, si crees que Dios ha pasado a obrar en otra persona más prometedora, fiel y paciente que tú, tienes una lectura equivocada del Señor. Y también de Jonás.

«Vino palabra de Jehová por segunda vez a Jonás» (Jonás 3:1). Es para ti también. Sin importar lo que hayas hecho. Sin importar lo que *no* hayas hecho. Sin importar cuál haya sido tu actitud ni hasta dónde te hayas ahogado en autocompasión. Sin importar si en tu vida hubo características similares a las de Jonás, quizá incluso esta semana.

Las segundas oportunidades demuestran el amor profundo y perdurable de Dios por ti.

Uno de los documentales más memorables que vi se llama *A Man Named Pearl* [un hombre llamado Pearl], un relato verdadero de un obrero afroamericano a quien no aceptaban en su vecindario rural en Carolina del Sur porque los vecinos temían que no pudiera mantener en buen estado su jardín, y que su presencia echara abajo el valor de las propiedades de los que vivían allí.

Pero él resolvió demostrarles que estaban equivocados. Luego de trabajar doce horas al día, Pearl Fryar regresaba a su casa, sacaba su equipo de jardín del galpón y pasaba el resto de la tarde (a veces hasta altas horas de la madrugada) ocupándose de las malezas y las necesidades de su espacio verde de más de una hectárea (3,5 acres). No solo cortaba el césped y podaba los bordes, sino que también creaba inmensos arbustos ornamentales, transformando así una parcela de terreno en una vista exuberante, pulida y verdaderamente increíble.

Hoy, los estudiantes de horticultura de las universidades cercanas van allí a aprender de sus creaciones. Los profesores de arte lo visitan para estudiar sus técnicas y cautivar su imaginación. Llegan turistas desde lejos, fascinados por la belleza y la serenidad del lugar.

Pearl hizo mucho más que ganar el premio al «jardín del mes» varias veces. Puso en el mapa a Bishopville, en Carolina del Sur cuya población es de 3670, cuando están todos en su casa.

Lo que más me fascina de la historia de Pearl Fryar es que cuando comenzó a trabajar en lo que sería su galardonado jardín, entró a uno de los semilleros locales y le dijo al administrador que había visto algunos retoños y plantas en la parte de atrás, como si estuvieran por descartarlos. Se preguntó si podría llevarse algunos. Cuando le dijeron que sí, llevó su camión detrás del edificio, cargó los gajos que la tienda había desechado, los llevó a su casa y hoy son el eje central de su obra maestra de jardinería.

Las segundas oportunidades. No las merecemos, pero el Maestro jardinero llega adonde estamos, nos recoge en nuestra condición inútil, desechada y desalentada y nos transplanta adonde sabe que creceremos mejor.

Cuando estoy en una plataforma enseñando, siento una gran lección de humildad al ver la obra misericordiosa y milagrosa que Dios hizo en mi vida, al mejor estilo de Pearl Fryar. Con la Biblia bajo un brazo, mis notas en su interior, el corazón palpitante y los ojos que pasean por la multitud, le pido a la audiencia que incline la cabeza para orar antes de seguir. No solo oro para buscar el poder de Dios, sino también porque necesito un minuto para recuperar la calma. Verás, me siento abrumada. Cada vez que me preparo para abrir y enseñar la Palabra de Dios, no puedo creerlo. No tengo por qué estar aquí. Dios no tendría por qué darme la oportunidad de abrir Su Palabra y declarársela a Su pueblo. Porque he sido Jonás. Muchas veces, escogí un estilo de vida que no sintonizaba con Sus propósitos. Pasé por alto Sus señales porque estaba demasiado preocupada leyendo las mías. Muchas veces, no lo seguí porque no estaba segura de poder confiar en Él y preferí sentir que tenía el control en lugar de vivir bajo Su autoridad.

Sin embargo, por alguna razón, me deja asociarme con Él. Transforma mis cenizas en belleza. Su gracia es la única explicación. Y no puedo responder de otra manera que con un grito de alabanza y gratitud.

Dios no se ha dado por vencido con nosotros. ¿No te alegra?

Gracias al Señor por las segundas oportunidades.

CAPÍTULO 11

Enjuague y repita

«Levántate y ve a Nínive, aquella gran ciudad, y proclama
en ella el mensaje que yo te diré»

Jonás 3:2

Debo admitir que me costó adaptarme, y todavía no tengo demasiada experiencia con la tecnología (uno solo por grupo familiar, por favor, y mi esposo decididamente monopoliza este tema), pero en mi defensa, me he vuelto bastante experta en enviar mensajes de texto. Dame unos segundos y la punta de mi pulgar, y puedo pasar tranquilamente por una adolescente. ¡Soy una luz! Incluso con mi cuenta de Twitter, con solo 140 caracteres disponibles por mensaje, he llegado a dominar el arte de decir mucho con poco. Los atajos se han transformado en mi modo estándar.

Sin embargo, he notado algo. Mis mensajes abreviados pueden ser de alto calibre adolescente: sumamente ingeniosos y precisos. Pero como mi «tarea» a menudo es escribir libros y estudios bíblicos, en lugar de ejercicios de ciencia y geometría, la gente espera que me comunique con oraciones completas. Y mi cerebro de mamá ocupada con tres hijos a veces se olvida de pasar del teléfono a la computadora. Así que incluso cuando trabajo con material serio, con varias traducciones y comentarios bíblicos y libros de estudio a mi alrededor, a veces comienzo a escribir «anq» y «xq» (traducción: «aunque» y «porque») y cdo me doy cta, ya hace 4 hs q estoy así. ¡Q locura!

Sí, los atajos son geniales para enviar mensajes de texto y por Twitter, o cuando te falta medio pan de manteca para una receta de galletas, o cuando necesitas evitar un embotellamiento. Sin embargo, no siempre son la mejor elección. Es más, creo que puedo decir sin temor a exagerar: con Dios, *no* hay atajos. Incluso en las segundas oportunidades.

Jonás, por ejemplo, recibió una disciplina severa por su resistencia al llamado y al plan original de Dios. Tenía la ropa mojada, los dedos arrugados y el aroma inconfundible a pescado para probarlo. Pero cuando su segunda oportunidad llegó mediante un gran proyectil de vómito de parte del gran pez, la Escritura no lo dice, pero «es razonable suponer que Jonás se encontró de regreso cerca de Jope, donde había comenzado».[14]

Imagina su asombro: primero, al darse cuenta de que estaba vivo; luego, al reconocer la costa conocida de Jope y escuchar las mismas instrucciones divinas que ya había recibido: «Levántate y ve a Nínive, aquella gran ciudad» (Jonás 3:2). No podría escaparse de la voluntad de Dios, ni tomar un atajo para huir de esta fortaleza asiria. Todavía era necesario obedecer por completo y en detalle.

Verás, la segunda oportunidad de Jonás no fue desviarse a Jerusalén para evadir la responsabilidad, aunque ir allí a ofrecer sacrificios parecía lo más noble y razonable. Tampoco fue un pasaje gratuito a las puertas de Nínive. Todavía había 800 kilómetros (500 millas) entre donde estaba y su campo misionero. Así que en esta segunda oportunidad, se esperaba el mismo esfuerzo de obediencia (de la clase donde pones un pie delante del otro) que al principio. Como Jonás había pasado por el lagar, estaba mucho más comprometido con cumplir su tarea (a diferencia de su actitud anterior), pero me pregunto si habrá deseado una manera más fácil de hacerlo.

Como Abraham. Al principio, estuvo dispuesto a creer cuando Dios le prometió audazmente que su árbol familiar produciría más descendientes que estrellas en el cielo o la arena del mar. Pero al no poder tener hijos propios para poner el mecanismo en marcha, decidió tomar un atajo: una relación ilícita que produjo un hijo, así como el beneficio adicional de no tener que esperar los tiempos de Dios. Como si eso fuera a resultar (ver Gén. 16:1-4).

Como el joven rico que se acercó a Jesús, con la esperanza de ganar su boleto al paraíso mediante una presentación ostentosa de su impresionante hilera de buenas obras; un atajo muy usado que parecía más conveniente y eficaz que dejar atrás el orgullo, la independencia y, lo más importante (para él), su dinero (ver Luc. 18:18-25).

Incluso el mismo Satanás conoce los efectos terriblemente trágicos de tomar atajos, o no se los habría ofrecido con tanta desesperación y engaño a Jesús en el desierto, tentándolo con maneras más fáciles, rápidas y menos dolorosas de cumplir Su misión: realizar milagros para satisfacer Su apetito, hacer un espectáculo para llamar la atención, hacer un trato con el diablo para asegurarse el control sobre el poder y la autoridad. No obstante, nada de esto desconcertó a Jesús. Sabía que no se podían tomar atajos para llevar a cabo lo que el Padre lo había llamado a hacer (ver Mat. 4:1-11)

Lo mismo nos sucede a nosotros. Dios ha intervenido con un desafío... quizás, enorme. Al igual que la mujer que conocí hace poco, con una hija que había estado en una situación trágica, dándole a esta abuela lista para descansar la tarea de volver a criar a tiempo completo... a sus nietitos. Cualquier atajo frente a esta tremenda interrupción le habría ahorrado desgaste al cuerpo, ante la resistencia y la capacidad de esta abuela de recuperarse luego de todo un día de cuidar a los niños. Sin embargo, ella sabe lo que Dios le pidió. Y para obedecer a lo que puso en su camino, solo puede ir por el camino directo. Su casa no será simplemente la casa de la abuela. Será el hogar.

Sin atajos.

Primero lo último

El rescate milagroso de Jonás en el mar cambió muchísimo su situación. Probó lo que le sucedía a una persona al huir de Dios. Se encontró restaurado a un estado que pensó que nunca más experimentaría: estaba vivo, respiraba y estaba sobre tierra seca. Pero aun con este giro inesperado y asombroso, en esta segunda oportunidad divina no cambió la esencia de las instrucciones de Dios al profeta: «Levántate y ve a Nínive, aquella gran ciudad». En el capítulo 3, Dios le dijo que hiciera exactamente lo mismo que Jonás había intentado evadir en el capítulo 1.

Estaba otra vez donde había comenzado.

Y todo empezaba en la obediencia.

Nada de atajos.

Solo por haber pasado por una prueba larga, difícil y agotadora, Dios no lo eximió ni lo absolvió. Debemos tener cuidado de no malinterpretar una segunda oportunidad como un olvido de Dios sobre lo que sucedió cuando tuvimos la *primera*. No ha decidido olvidar nuestras diferencias.

Así que al seguir adelante y considerar lo que Dios puede pedirte a continuación, te sugeriría que recuerdes qué fue lo último que te dijo que hicieras: la instrucción original que te llevó a retroceder o a enfadarte, a decidir que una persona en tu posición no debería soportar algo así... Y comienza allí.

¿Acaso tenías que pedirle perdón a tu cónyuge... y no lo hiciste? ¿O quizás fue la oportunidad de terminar con las peleas y las discusiones al renunciar simplemente a tu derecho de ganar... y no lo hiciste? ¿Te sentiste movido a ofrendar para unos misioneros que visitaban tu iglesia, pero los 25 dólares que tenías en el bolsillo eran para comprarte algo de comer de regreso a casa... y los guardaste? ¿Se trata de un acto de servicio por un amigo o miembro de la familia, que deberías haber realizado sin complejo de mártir, asegurándote de que todos supieran lo que te costó y cuánto se aprovecharon de ti? ¿Te sentiste impulsado a participar del ministerio pero, como haces a menudo, lo atribuiste a tu conciencia codependiente y optaste por la salida fácil? ¿Tuviste que rendirte a un cambio importante en la vida, como un hijo con necesidades especiales o una mudanza al otro lado del país, que te produjo amargura?

Dios intervino en tu vida. Y no te gustó. Tenías otras cosas que hacer. Tenías otras cuestiones en mente. Objetaste de varias maneras a lo que Él sugirió e insinuó. Y decidiste manejarlo a tu manera y no como Él quería.

Huiste. Te negaste. Intentaste esquivarlo o escaparte directamente. Y quizás, lo hiciste con la esperanza de que los demás no se dieran cuenta ni te juzgaran. Por ejemplo, consideremos a Jonás quien, al recibir otra oportunidad, «se levantó [...] y fue» (3:3) a Nínive. Es interesante ver que hizo lo mismo en el primer capítulo. «Jonás se levantó [...] y descendió» (v. 3). Sin analizarlo detalladamente, podría parecer que fue obediente con todo esto de «levantarse e ir». Sin embargo, por más similares que parezcan las dos acciones, solo una representa la obediencia del profeta al llamado divino para su vida.

Es cierto, podemos imitar la obediencia cuando no queremos hacer lo que Dios nos exige: no solo en cuanto a nuestra presencia física sino también al corazón, la voluntad y la atención. La huida interior nos ayuda a lograr nuestro objetivo a ojos de los demás, pero sabemos si hemos sido sinceros y completamente dóciles en la obediencia y la sumisión a Dios.

Entonces, las segundas oportunidades no son un momento para destacarse ni fingir una fachada. No es momento de sacar las mismas excusas que siempre usamos, o de considerar esa pequeña cuestión de hace una semana, un mes o un año que de repente se omitió y escapó. No, es una nueva oportunidad de hacer lo que no hicimos la primera vez: de lleno, a fondo y en forma auténtica.

Así que vuelve a Jope, recuerda las instrucciones que Dios te dio y comienza a obedecer.

Es lo que tuvo que hacer Jonás.

Para eso son las segundas oportunidades.

Las apariencias engañan

Jonás se había ganado la vida como profeta al ser sumamente preciso en lo que Dios le decía. Así que supongo que observó la pequeña diferencia en la renovación del mandato del Señor la segunda vez. Sí, era similar. Al principio, debe de haberle parecido un *déjà vu*. Sin embargo, esta vez había algo más en juego para tratar.

«Levántate y ve a Nínive, aquella gran ciudad,
y pregona contra ella; porque ha subido
su maldad delante de mí» (Jonás 1:2).

Ese fue el mandato inicial. Luego:

«Levántate y ve a Nínive, aquella gran ciudad, y
proclama en ella el mensaje que yo te diré» (3:2)

Realmente parecidos, pero diferentes.

Nínive seguía siendo el destino de la misión de Jonás, pero las directivas divinas habían cambiado ligeramente. En el capítulo 1, las instrucciones fueron mucho más escuetas. Dios le dijo a Jonás exactamente qué hacer cuando llegara. Sin embargo, la segunda vez incluyó una fila más de responsabilidad. Jonás sabía que para obedecer debía tomar un pasaje de ida a Nínive. Era consciente de que tenía que hablarles con valentía a los ninivitas. Pero ahora, en lugar de solo tener que empacar y partir, debía mantener los oídos abiertos para recibir más instrucciones sobre la proclama a impartir: «el mensaje que yo te diré». Sin planes ni detalles de antemano.

Y nada de atajos.

De alguna manera, parecía que Dios le dificultaba la situación. Aumentaba el nivel del juego. Quizás, se parece al padre que no solo le pide a su hijo que devuelva el chicle globo que robó de la tienda, sino que también le pida perdón al encargado en persona. Ahora, tendría la responsabilidad adicional de reparar una relación rota. De esta manera, le costaría más olvidar que la desobediencia nunca es tan divertida como parece, y que la obediencia desde el principio siempre vale la pena.

Sin embargo, lo que a Jonás puede haberle parecido más presión y exigencias, era en realidad otra promesa: si Jonás se ocupaba de obedecer, si no cedía a la tentación de cubrirse o de intentar llegar a una solución intermedia con Dios, Él se comprometía a hablar por el profeta e indicarle exactamente qué decir. Y si el Señor supliría el mensaje, entonces Su presencia también estaría allí.

Sí, la *presencia de Dios* iría con él.

No sé si a Jonás le habrá parecido una buena noticia. Para nosotros, quizás no siempre sea lo más reconfortante... no tanto como quedarnos donde estamos. No nos resulta tan conveniente y eficaz como el atajo que preferimos tomar. Sin embargo, si Dios te pidió que seas obediente en algo que te hace sentir asustado, vulnerable, solo y abrumado, ¿adivina qué? Ha prometido estar contigo.

Y es lo único que necesitas saber.

Por eso, los atajos son innecesarios y suponen una desobediencia: porque Dios te ha prometido Su presencia. Irá contigo dondequiera que vayas. No tienes por qué refrenar tu corazón y tus sentimientos para evitar salir lastimado. No es necesario que mires a tu alrededor para ver qué hacen los demás. No tienes por qué esperar a ver si tus amigos y tu familia lo aprueban. Puedes hacerlo sin reparos. Puedes seguir cada impulso e instrucción que Dios te dé. Puedes arrojarte con toda tu fuerza a lo más profundo de la vida. No hacen falta atajos... Porque el Espíritu de Dios estará allí en todo momento para guiarte.

En el Antiguo Testamento, el Espíritu Santo solo se otorgaba a ciertos creyentes en determinado momento, para cumplir algunas tareas. Cuando terminaban con su cometido (o quizás antes, si la persona pecaba o se rebelaba), el Espíritu se iba de ese individuo. Así que me gusta pensar que la promesa y la consciencia de que la presencia de Dios estaría constantemente con Jonás para darle información, provisión y poder, aun en medio de sus temores persistentes y sus sentimientos encontrados, habrá sido de profundo aliento para él. Eso espero.

Estoy segura de que puede ser de gran aliento para nosotros, para los que somos hijos de Dios por gracia mediante la fe, los que estamos de este lado de la cruz expiatoria y la tumba vacía de Cristo, los que vamos por la vida con la guía bendita del Espíritu Santo, que nos dirige, nos alumbra, nos muestra por dónde ir, prepara encuentros y coloca pensamientos en nuestra mente y palabras en nuestros labios.

Con cuánta facilidad olvidamos la bendición y el privilegio que esto significa, en especial cuando huimos de una interrupción.

Piensa en los discípulos de Jesús en Juan 16, tensos en medio de la atmósfera electrizante que parecía conducir a la muerte inminente del amado Maestro. A solas con Sus seguidores más cercanos, esa noche tenebrosa y conmovedora, Jesús les confirmó que los dejaría. Esta sí que fue una interrupción drástica.

«Pero yo os digo la verdad: Os conviene que yo me vaya; porque si no me fuera, el Consolador no vendría a vosotros; mas si me fuere, os lo enviaré». (v. 7)

Este «Consolador» debe de haberles resultado un reemplazo insuficiente para la compañía de Jesús. Era mucho más sencillo acercarse al Maestro y preguntarle sus dudas que tener que ejercitar los músculos espirituales necesarios para interactuar con este Espíritu invisible. Les *encantaba* pasar tiempo con Él. Y lo último que querían era que esto se interrumpiera.

Sin embargo, como Jesús se preparaba para dejarlos pronto, necesitarían una brújula interior para ayudarlos a encontrar su camino. No habían tomado suficientes notas durante los tres años junto a Él como para superar todos los obstáculos y las interrupciones que rondaban en el horizonte. No pudieron. Pero *no* hacía falta: porque el Espíritu sabio y maravilloso de Dios estaría allí para guiarlos con instrucciones detalladas como un guía turístico, pastoreándolos de lugar a lugar y proporcionándoles la cantidad ideal de información, exactamente lo que necesitaran. Si escuchaban, les hablaría y los dirigiría. Si lo seguían, Él los conduciría. Y al final, sabrían que habían vivido bien y habían realizado la travesía con éxito.

Esta misma presencia divina que se le prometió a Jonás y a los discípulos de Jesús es el mismo Espíritu Santo del que podemos echar mano al caminar en obediencia a Él. Cuando no sabemos qué hacer o decir, cuando no estamos seguros de cómo juntar las piezas para encontrarles sentido y propósito o nos vemos tentados a tomar un atajo porque no sabemos si podemos manejar lo que se nos pide, podemos tener la plena certeza de que Él está aquí haciendo Su tarea y proporcionándonos lo que necesitamos cuando lo necesitamos.

Amigo, tenemos que aprender a descansar en esto. ¡Sus brazos fuertes pueden sostenernos... a través de lo que sea! Al ofrecernos Su presencia eterna en un nivel íntimo y personal, Dios no nos hace la vida más difícil. Al contrario, nos da exactamente lo que necesitamos para no atascarnos en la culpa, el desasosiego y la distancia de Él. Nos provee todo lo que necesitamos para cada circunstancia, incluso las más difíciles e inesperadas.

¿Quiere enviarte a Nínive? Entonces, Su presencia irá contigo. No hacen falta atajos, por más desalentadora que sea la tarea.

Él sabe, por ejemplo, que no puedes ser la mamá que necesitan tus hijos por tu propia fuerza y con todo el bagaje y las demás obligaciones que tienes. Por eso, Dios te ha dado Su Espíritu: para ayudarte a ser lo que no puedes.

Mujer soltera: Dios sabe que no puedes vivir con pureza, santidad y justicia en este mundo enloquecido con el sexo, sin apoyarte en algo más que en tu abstinencia y tu fuerza de voluntad. Por eso, te ha dado Su Espíritu: para ayudarte a permanecer de pie y ser una luz para Jesucristo, sin importar lo que haga el resto de tus amigas.

Varón: Dios sabe que no te alcanza el tiempo para trabajar, para hacer tiempo para la familia y para dedicarte por completo a la obra de la iglesia. Por eso, Dios te ha dado Su Espíritu: para compensar tus limitaciones y multiplicar cada esfuerzo que ofrezcas en Su nombre, cada vez que confíes en que Su fortaleza se verá en tu debilidad.

Evidentemente, Jonás no tenía la valentía ni el deseo de ir a Nínive solo. Por eso, Dios le dio un nuevo giro a la orden de marcha: para ayudarlo no solo a participar con victoria en la voluntad de Dios sino también para profundizar su confianza y seguridad al enfrentar la próxima interrupción.

Con la misma seguridad que nos proporciona segundas oportunidades, también nos da Su Espíritu para guiarnos, aconsejarnos y prepararnos para cada giro del viaje.

No irás solo a tu Nínive. Así que puedes verte tentado a tomar un atajo, pero es completamente innecesario.

El Espíritu de Dios va contigo.

Igualdad de posibilidades

Nínive no era un pueblito pacífico. Según los niveles demográficos de hoy, tal vez no parezca un lugar tan grande, pero se cree que tenía 600.000 habitantes,[15] y probablemente era «la ciudad más grande, fuerte y adinerada de su época».[16] Para los ciudadanos del antiguo Cercano Oriente, era enorme, una «ciudad grande en extremo, de tres días de camino.» (Jonás 3:3).

Además, la mayoría de los eruditos creen que Dios no solo había llamado a Jonás a proclamar Su mensaje a Nínive propiamente dicha, sino a todas las ciudades y los poblados que dependían de este centro para protección y alianza. Además, como mencioné antes, el increíble tamaño de Nínive correspondía con una atmósfera quizás incluso más sobrecogedora de maldad, brutalidad y violencia extremas. Imagina una ciudad grande. Imagina altos niveles de crimen. Imagina caminar solo por una calle secundaria sintiendo que te miran de reojo; vas en busca de un lugar seguro para pasar la noche, con una expresión de pánico en el rostro al preguntarte si alguien estará a punto de arremeter contra ti.

Así que cada paso arenoso que daba en esa dirección (durante 800 kilómetros), la imposibilidad de lo que Dios le había pedido habrá latido en todo su cuerpo, haciéndolo desear más que nunca un atajo, llevándolo a pensar en toda clase de evasivas y desvíos innovadores para sortear esta tarea monumental.

Quizás, debía tomarse tiempo y preparar algunas frases mientras caminaba... ya sabes, en caso de que Dios no se ocupara de eso o de que no le gustara lo que el Señor le decía. Tal vez, podía hacer otro viajecito indirecto y descansar un poco más. Ese incidente en el vientre del pez lo había dejado exhausto. Quizás, debía volver por si pudiera convencer a alguien para que lo acompañara y le diera apoyo moral.

Pero cuando hay una intervención divina en juego, un desafío «grande en extremo» representa una oportunidad «grande en extremo». Y cuanto más impresionante sea la tarea que tienes por delante, más increíble es la oportunidad que Dios te da para ver Su poder en acción.

A los 17 años, visité Haití en un viaje misionero y conocí a una niña llamada Manette. Tenía nueve años y, sin lugar a dudas, vivía en el estado más deplorable que había visto jamás. Fue uno de esos momentos en donde te sientes lleno de compasión y deseos de ayudar, y a la vez pequeño e impotente: esos ojazos brillantes, esa sonrisa cautivadora... pero más allá de abrazos, juegos y un rato de atención personalizada, parecía imposible hacer algo que cambiara en verdad la vida de esa niñita o de los que la rodeaban. Las circunstancias eran demasiado calamitosas.

Aun así, no podía sacármela de la mente. De regreso en casa y en mi cómoda existencia con aire acondicionado, pensaba en el calor, la inmundicia y la necesidad de esa isla empobrecida y en la expresión de Manette, una niña que no conocía otra cosa. Se había robado mi corazón. Dios había interrumpido mi vida con su necesidad. Aunque no sabía bien cómo comunicarme con ella, dudaba que un esfuerzo tan pequeño como el mío pudiera lograr algún cambio y estaba tentada a sacarme esta situación de la mente, decidí intentarlo. Mediante la gracia de Dios y la participación de los que ministraban en Haití a diario, comencé a enviarle cartas, dinero y encomiendas comprimidas a Manette, con la esperanza de que percibiera el amor de una amiga estadounidense y lo más importante, el amor de Cristo a través de mí.

En enero de 2010, los informativos anunciaron que un terremoto catastrófico había sacudido a Haití. Miles habían muerto. Pueblos y edificios enteros habían sido arrasados. Incluso el presidente había tenido que huir de su palacio a otra parte. Y Manette, quien me había enviado un correo electrónico pocos días atrás, estaba probablemente en la zona más afectada: la ciudad capital de Puerto Príncipe, ya que acababa de entrar al primer año de la escuela de enfermería.

Pasaron tres días largos y de mucha ansiedad hasta que mis llamados y mensajes a la organización misionera por fin lograron una respuesta. Aliviada, me enteré de que Manette solo tenía algunos rasguños. No solo había sobrevivido sino que también se encontraba ayudando cerca en Pignon, donde muchos se habían refugiado. Estaba sirviendo y hablando del amor de Cristo: una joven transformada por el corazón amoroso de nuestro Salvador.

Recordé el día en que la conocí, cuando parecía tan imposible conectarme con esta niña tan necesitada en lugar tan lejano. Después de todos estos años, he disfrutado de una amistad personal y profunda durante dos décadas con alguien que solo Dios podría haber puesto en mi camino. Su intervención se transformó en una oportunidad de amar, recibir amor y formar una pequeña parte de Sus planes para una niña que ya había atraído hacia Él desde antes de la fundación del mundo. Ella percibió el amor de Dios a través de los demás, y esto la llevó a trasmitírselo a los que ahora tanto lo necesitaban.

A veces, nos parece que Sus intervenciones nos piden más de lo que podemos dar. Cuestan demasiado. Duelen demasiado. Suponen demasiado esfuerzo a demasiadas personas. Para ser sincera, es probable que esas inquietudes sean válidas. Pero como Dios llama, nuestra tarea no es obsesionarnos con los desafíos sino simplemente confiar en lo que Él dice; no concentrarnos en lo poco que puede hacer una persona sino aceptar la oportunidad de ver cómo Dios hace algo increíble.

Recibimos segundas oportunidades. Recibimos la presencia de Dios. Y además, obtenemos la oportunidad «grande en extremo» de formar parte de algo mucho mayor que nosotros, en medio de nuestra vida común y corriente.

No se puede pedir una interrupción mejor.

Qué, cómo y adónde

Si recuerdas el Antiguo Testamento, es probable que hayas escuchado de Naamán, el capitán entrecano que contrajo lepra y que, en su desesperación, buscó la ayuda de Eliseo, un profeta israelita. Sin embargo, no le gustó nada la receta de Eliseo para curarse: «Ve y lávate siete veces en el Jordán, y tu carne se te restaurará, y serás limpio» (2 Rey. 5:10).

A Naamán no le gustaba *lo que* tenía que hacer, ni *cómo* tenía que hacerlo ni *dónde* tenía que ir. Él esperaba un alivio instantáneo y una sanidad inmediata. Quería decir alguna palabra mágica y obtener el resultado. Y aunque lavarse en el río fuera una parte esencial del plan, pensó que una alternativa mucho más limpia y conveniente sería utilizar las fuentes de agua de su propia ciudad, que le resultaban mucho más agradables y de fácil acceso.

Atajos. Regateos. Contrapropuestas.

Buen intento, Naamán.

Lo que evidentemente no entendía cuando «se volvió, y se fue enojado» (v. 12) era que la cura no estaba en el agua; se encontraba en la obediencia a la palabra de Dios. La obra que el Señor quiere lograr en nosotros y a través de nosotros solo puede lograrse al hacer *lo que* dice, *de la manera* en que lo dice y yendo *donde* Él manda. La participación plena es necesaria para una recompense plena.

Como les dice mi amiga Shundria a sus tres hijos, luego de darles una tarea para completar: «Puedes hacerlo ahora o más tarde, pero adivina qué: *vas* a hacerlo». Creo que el Jonás de la segunda oportunidad estaría de acuerdo.

Entonces, sí, es alentador ver que «se levantó Jonás, y fue a Nínive conforme a la palabra de Jehová» (Jonás 3:3). Después de tanto huir y perder el tiempo, la mano paternal, soberana y vigilante de Dios lo había llevado de vuelta al principio: no para avergonzarlo sino para mostrarle que no sirven los atajos; no si quieres seguir al Señor.

Si estás frente a una segunda oportunidad, deja que te lleve de regreso adonde empezaste, donde huiste de una interrupción, donde no quisiste hacer lo que Dios te pedía. En tu viaje de regreso encontrarás un corazón nuevo y arrepentido, una mayor consciencia de la presencia de Dios y otra oportunidad para obedecer... y para ver lo que sucede a continuación.

Para Jonás, fue necesario «enjuagar y repetir». Fuera del pez y de regreso al servicio de Dios.

¿Qué necesitarás tú?

CAPÍTULO 12

Ve a Nínive

«*Por tanto, id, y haced discípulos a todas las naciones, bautizándolos en el nombre del Padre, y del Hijo, y del Espíritu Santo*».

Mateo 28:19

Si sabes algo sobre la música *rock* pesada (ese *no* es mi caso), quizás te suene conocida la banda Korn y uno de sus fundadores, el guitarrista Brian «*Head*» [cabeza] Welch.

La primera vez que escuché su nombre, estaba cambiando canales en mi habitación de un hotel en Nashville, donde me encontraba con mi hermana para hablar en una conferencia al día siguiente. Mientras paseaba por el paisaje del cable, mi dedo sobre el control remoto se detuvo en una entrevista por CNN al estereotipado roquero: los brazos al descubierto, el cabello largo, la camiseta negra, el rímel en los ojos, un *collage* increíble de tatuajes. Y antes de que mi atención limitada me llevara a dirigirme a toda velocidad a otro destino de entretenimiento, el entrevistador le preguntó algo interesante: «¿Por qué dejaste de tocar en la banda? ¿Qué produjo esta decisión? ¿Qué cambió para ti?»

A continuación, escuché uno de los testimonios más increíbles y cautivadores de mi vida: *sin duda,* el mejor que escuché en un medio secular de noticias.

Brian Welch y Korn se habían vuelto sumamente famosos en el entorno musical moderno. Pero como suele suceder, su repentino ascenso al estrellato se había disuelto a las tramas conocidas de los tabloides de supermercado. La fama y la fortuna habían conducido a giras internacionales, sexo, metanfetamina, y una prisión decadente de desesperación apoyada en el placer. Su esposa los había dejado a él y a su única hija. Su adicción a las drogas aumentó, haciéndolo perder más y más el control. Nadaba en dinero, estaba ebrio de fama... y por dentro, moría poco a poco.

Entonces, de repente, algo nuevo comenzó a suceder.

Un agente inmobiliario cristiano que había manejado algunas inversiones de Brian le dijo un día: «Hombre, nunca hice algo así en mi vida y no quiero ponerte incómodo, pero mientras leía la Biblia hoy, me vino un pasaje de la Escritura y sentí que tenía que compartirlo contigo. Mateo 11:28: "Vengan a mí todos ustedes que están cansados y agobiados, y yo les daré descanso"» (NVI).

Al escucharlo, una luz se prendió dentro de Brian. Esas palabras llenas de vida (cansados, agobiados, descanso) lo hicieron pensar. Dos semanas más tarde, todavía adicto a las drogas, con una camiseta con capucha y maquillado al estilo gótico, entró a tropezones a una iglesia un domingo por la mañana y escuchó sobre un Dios que podía quitarle lo malo. Le atrajo esa parte. Parecía exactamente lo que necesitaba. Así que cuando llegó el momento, caminó por el pasillo y aceptó a Cristo (algo así). En realidad, esperaba que tener a Jesús cerca lo hiciera sentirse mejor con la vida sin tener que esforzarse por enfrentar su adicción o cambiar demasiado.

Sin embargo, en una semana, Jesús hizo el trabajo difícil por él. Una mañana, mientras estaba sentado en su casa aspirando con impotencia otra línea de drogas y deseando ser un mejor padre y hombre, Brian clamó al cielo en busca de ayuda.

—Y te digo, en forma sobrenatural, simplemente perdí el gusto por las drogas y el alcohol ese mismo día. Sentí una euforia que me llevó mucho más allá que cualquier droga, espectáculo o cualquier cosa que probé en mi vida. Allí mismo, me hice adicto a Dios.

—¿Quieres decir que fue una especie de liberación?—, le preguntó el entrevistador.

—Exactamente, sí.

—¿Y *quién* dices que lo hizo?— (Ah, cayó como un angelito, ¿no?)

—Jesucristo, el Hijo del Dios viviente.

Para entonces, mi hermana y yo estábamos bailando de alegría en la cama del hotel. La obra y el testimonio del Señor Jesús salían del estudio secular de noticias hacia millones de hogares de los televidentes. Fue un momento maravilloso.

Varios meses después, recibí un llamado de los organizadores del programa televisivo *Life Today* [La vida hoy], y me preguntaron si me interesaría aparecer en una de sus emisiones próximas. Grabarían cuatro programas esa misma noche y querían que yo saliera en dos de ellos. Cuando llegó la fecha de filmación, fui antes al estudio para aprovechar la comida gratis que proporcionaban (mi mamá no crió ninguna tonta) y, sentado frente a mí en la mesa, se encontraba el otro invitado: ¡Brian «*Head*» Welch!

El vértigo que sentí en esa habitación de hotel volvió a surgir en mí y de repente, como nunca me había pasado (y no volverá a pasarme), me transformé en una fanática del *rock* pesado. Le dije que lo había visto en televisión, que mi hermana y yo habíamos orado por él y cuánto me había impresionado su audacia pública para Cristo. Y al haber hablado personalmente con él, puedo asegurarte que no se trata de un truco publicitario para ser el centro de atención ni para impresionar a la audiencia. Es totalmente genuino. En lo que a mí respecta y por lo poco que sé, ¡Head Welch es genial!

Recibió una segunda oportunidad. Y esto puede cambiar todo. En especial, cuando Dios se acerca para salvar un alma perdida y moribunda.

Es la segunda oportunidad por excelencia.

Mi propósito principal al escribir este libro es ayudar a las personas como tú y yo a aprender a ver las interrupciones de la vida como intervenciones divinas y comenzar a rendirnos a la autoridad y la soberanía del Señor Jesucristo. Además, quiero recordarnos que debemos recibir y responder bien a las segundas oportunidades, si arruinamos la primera.

Sin embargo, si termináramos aquí, pensando que las segundas oportunidades se centran en nosotros, pasaríamos por alto uno de los principales temas del libro de Jonás.

El mandamiento de Dios al profeta, «levántate y ve a Nínive, aquella gran ciudad, y proclama en ella el mensaje que yo te diré» (Jonás 3:2), puede parecer muy «al estilo del Antiguo Testamento», pero extiende un puente firme hacia el principio del evangelismo del Nuevo Testamento, como se los trasmitió Jesús a los discípulos y, por extensión, a la iglesia de todas las épocas:

«Por tanto, id, y haced discípulos a todas las naciones, bautizándolos en el nombre del Padre, y del Hijo, y del Espíritu Santo» (Mat. 28:19).

Aunque la orden de Yahvéh a Jonás no fue precisamente de naturaleza evangelística, revela con claridad que siempre se ha propuesto alcanzar a los que están expuestos al juicio divino.

Siempre le ha dado importancia a extender misericordia a los perdidos.

Pero seamos sinceros: para la mayoría de nosotros, esto no es una prioridad. Al menos no en la práctica.

Ahora, ¡un momento! No pases por alto este capítulo. Quizás te veas tentado a hacerlo, pero quédate conmigo porque es importante. No quiero que te pierdas uno de los mensajes esenciales de Jonás.

La primera palabra memorable de la «Gran Comisión» (como se llama normalmente el pasaje de Mat. 28:19-20) es «id». Nuestra vieja profesora de gramática habría dicho que este verbo está en imperativo, es una orden. Sin embargo, no se trata de un mandamiento. En el griego, la palabra traducida como «id» es un participio aoristo. La traducción literal podría ser «yendo». En otras palabras, el creyente hace discípulos mientras realiza su rutina diaria.

Así que aunque los esfuerzos evangelísticos voluntarios son excelentes, no es la única manera (ni siquiera la manera *primordial*) de obedecer estas palabras de Jesús. Declarar el mensaje del amor de Dios a los perdidos no es solo algo para hacer, es una forma de vida. Y en esencia, no lo ponemos en práctica.

Encontré un librito llamado *The Sin of Silence* [El pecado del silencio] de William Fay, un evangelista bautista sureño, quien infunde pasión y herramientas a otros para predicar el evangelio. Cita algunas estadísticas de su propia denominación que revelan cómo ha caído nuestro interés por el destino eterno de los demás en nuestra escala de prioridades. Por ejemplo, un tercio de sus iglesias no tuvo creyentes nuevos uno de los últimos años. *¡Ni siquiera uno!* Otro tercio de las iglesias bautizó a seis personas o menos. Y quizás la cifra más estremecedora de todas: el porcentaje estimado de cristianos que morirán sin haberle contado a otro *jamás* cómo Jesucristo puede salvarlo es... el 97,4%. Casi todos.

Escribe: «Para mí, no son solo números. Son algo extremadamente real. Estas estadísticas caminan por ahí vestidas de iglesia, haciendo obras de iglesia. Cantan en el coro y pasan la ofrenda. Ayudan en la cocina y se turnan en la guardería. Hacen muchas cosas maravillosas por el reino de Cristo. Sin embargo, hay algo que no hacen, que jamás harán. Nunca. Quizás, ni siquiera si su vida dependiera de ello. *No dan testimonio de Cristo*».[17]

Sí, qué bueno que el pastor lo hace. Nos encanta escuchar a alguien como *Head* Welch dar su testimonio por televisión. Pero quizás nunca se nos cruce por la mente participar de la transformación espiritual de otra persona. ¿Por qué nos sentimos así?

Bueno, para que no pensemos que no nos afecta lo que aprendemos en el entorno académico, incluyendo el colegio y los seminarios bíblicos, la realidad es la siguiente: las filosofías y las cosmovisiones forman las culturas. Las ideas son importantes. Y una de las ideologías de la historia reciente que se ha filtrado en nuestra forma de pensar es lo que se conoce como «teología de proceso o neoclásica». Parte de esta corriente mantiene que Dios, en lugar de ser «el mismo ayer, y hoy, y por los siglos» (Heb. 13:8), cambia y se adapta a lo que sucede en el mundo. En otras palabras, algo que podría haberle resultado sumamente importante en otra época de la historia humana tal vez no le importe tanto ahora.

Sacudimos nuestras cabezas religiosas con espanto al escuchar una afirmación tan atrevida. Pero, ¿acaso los hallazgos del Sr. Fay y otros, así como la sabida magnitud de nuestra inactividad evangelística, no nos dicen que vivimos como si la instrucción de Cristo de ir y hacer discípulos (Mat. 28:19) no fuera tan importante como antes?

Por cierto, recuerdo haberme atrincherado detrás de la protección del sueño o de la lectura en un avión, en lugar de conversar con la persona que tenía al lado, incluso si al otro le gustaba hablar. Puedo recordar momentos en los que evité meter cuestiones espirituales en una conversación, por temor a llamar la atención y quedar como una tonta. Lo que más me viene a la memoria son las muchas veces en que dejé pasar una oportunidad de hablarle de Jesús a una vecina, y una mañana temprano, escuché que llegaba una ambulancia a toda velocidad para asistirla. Llegó demasiado tarde.

Yo también.

Si se parece a los mismos sentimientos de culpa que experimentaste cientos de veces, déjame recordarte que el llamado de Jesús de ir y hacer discípulos no es menos claro ni obligatorio para nosotros que el llamado divino a Jonás para ir a Nínive. Y huir de Él en esta área crítica por miedo, dudas o cualquier justificación que escojamos siempre resultará en un nivel autoimpuesto de distancia y sequedad en la relación. Dios no toma Su Palabra para nosotros a la ligera, así como no lo hizo con Jonás. Ya sabemos como resultó *eso*. Y si seguimos huyendo de esta responsabilidad primordial, podemos esperar lo mismo.

No es para condenarte. Es simplemente la corrección amorosa de nuestro Padre y Su disciplina en nuestra vida. Por Su gracia, hoy tenemos otra oportunidad para obedecer y comenzar de nuevo. Porque muchos otros necesitan una segunda oportunidad.

Bajo la unción

Cuando comenzó a subir el telón del primer día de profecía para Jonás en Nínive, podemos imaginar el pánico que habrá sentido. Un temor y una intimidación palpables. ¿No es acaso lo mismo que evita que seamos rápidos y libres para hablar de nuestra vida cristiana con los inconversos? Temor a ofender. Temor de su reacción. Temor a que nos pregunten algo que no sepamos responder.

En el caso de un orador público, un temor adicional se agrega a la mezcla: uno que conozco demasiado bien. La noche anterior a una conferencia o un evento didáctico, aunque en general estoy segura de que la audiencia será receptiva y a pesar de haberme preparado minuciosamente, no me puedo dormir intentando evaluar si tengo demasiado material para una cosa y muy poco para otra, si puedo llegar a pasarme de la hora o, lo que es peor, a quedarme corta con lo que preparé. Una de las tareas más aterradoras que Dios puede darle a un orador es pedirle que declare un mensaje que no llene el tiempo asignado.

Sin embargo, es la clase de mensaje que recibió Jonás. Recuerda que en Jope, Dios le dijo que esperara Sus apuntes. Y cuando llegaron, todo el mensaje podría haber entrado en una notita adhesiva.

«De aquí a cuarenta días Nínive será destruida»
(Jonás 3:4).

Nada más.

En hebreo, esta oración tiene solo cinco palabras: nada de ilustraciones, de historias graciosas, nada para romper el hielo y ganarse a la audiencia. Solo un pequeño mensajecito. Lleno de juicio y con poca personalidad.

Sin embargo, provocaría un arrepentimiento sin precedente, casa por casa, en una ciudad pagana.

He estado en lugares donde el predicador habló durante horas y nadie se sintió conmovido. Y aquí está Jonás: pronuncia las cinco palabras que Dios le dio para este ambiente terriblemente hostil y todos respondieron... cientos de miles.

«Y los hombres de Nínive creyeron a Dios,
y proclamaron ayuno, y se vistieron de cilicio desde
el mayor hasta el menor de ellos. Y llegó la noticia
hasta el rey de Nínive, y se levantó de su silla, se
despojó de su vestido, y se cubrió de cilicio
y se sentó sobre ceniza» (vv. 5-6).

Es la diferencia entre tener *palabras* para decir y tener las palabras *de Dios* para decir. La diferencia entre funcionar según tu propia fuerza y funcionar con la unción de Dios, con Su presencia, Su poder y Su favor a través de ti. Es lo que tenemos a disposición cuando nuestro corazón se rinde por completo a Su interrupción, cuando hacemos con todo nuestro ser lo que Él dice, aunque signifique detenernos en medio de nuestra carrera diaria para notar que una persona llora en el pasillo de las tarjetas de salutaciones. No sigues ningún programa ni pasas a modo de testificación. Simplemente, obedeces. Te preocupas por otro. Sabes que Jesús es la respuesta para todo. Y te diriges allí con la unción de Dios.

Por eso puede transformarse en una forma de vida: porque Dios es quien hace la obra mediante nosotros, no solo al comunicarle la esperanza de Cristo al que no es salvo sino también al ejercer esos actos pequeños y sencillos de obediencia que componen cada aspecto de la vida.

Quizás, solo se trate de pedirle perdón a tu cónyuge, pero el sello de la unción de Dios en esas palabras puede ser como una onda expansiva en tu matrimonio para los años venideros.

Tal vez, se trate de una simple comida, comprada o preparada para alguien necesitado, pero el sello de la unción de Dios puede transmitir amor y consuelo mucho más que solo saciedad al estómago de la persona.

Quizás, solamente colocas cinco dólares en la mano de alguien o un par de monedas para pagar su parquímetro, pero el sello de la unción de Dios puede transformar tu regalo sencillo en un tesoro que coseche una recompensa eterna por tu magra inversión.

Detrás de nuestra casa, hay un arroyo pequeño, tranquilo y apacible... por lo general. Sin embargo, el día que alguien decidió drenar una laguna cercana en el canal corriente arriba, la desembocadura del riachuelo se transformó en un río torrencial. Cuando se derramó sobre las colinas, los caminos, por debajo de las calles y en las propiedades de otras personas, llegando a la parte de atrás de nuestra casa, el nivel de agua de nuestro delgado arroyo aumentó hasta parecerse a una enorme piscina en el patio. ¡Era hermoso! Alguien hizo un pequeño cambio en la fuente de agua a kilómetros de nosotros, y el impacto lo sintieron decenas de hogares y familias en el camino, incluyendo la nuestra.

Es como la viuda de Sarepta, que le dio un bocado de pan al profeta Elías y Dios lo transformó en una fuente infinita de alimento para su familia durante el resto de su vida. Es como Ester, que se acercó con valentía al rey y vio cómo toda su raza se salvaba del complot de un conspirador. Es como Rut, que obedeció las instrucciones sencillas de su suegra, fue al campo de Booz a espigar y sin darse cuenta, entró al linaje del gran rey David y con el tiempo, de un hombre sencillo llamado José, padrastro del Mesías.

Cuando Dios le infunde Su unción a tu obediencia, puede haber resultados que nunca imaginaste. Lo que Él hace con las oraciones y las Escrituras que les dedicas a tus hijos puede crear gigantes espirituales para las generaciones venideras. Lo que hace mediante el llamado telefónico que realizas o la carta que le escribes a un amigo desalentado puede encender un avivamiento en su alma que nunca se apague. Incluso las pocas palabras sencillas del mensaje de Jonás, llenas de la unción de Dios, fueron suficiente para hacer que el mismo rey (sí, el malvado monarca de la hostil y odiada Nínive) se levantara de su trono, se quitara sus vestiduras reales y se vistiera de cilicio y cenizas ante el Señor.

La unción de Dios es poderosa.

Y los que se rinden a las intervenciones divinas pueden contar con ella. No se trata de predicar en las esquinas. Se trata de dejar que lo que Dios inserta en tu vida (no importa lo que sea o dónde suceda) se transforme en una oportunidad para obedecer y para que Él convierta algo pequeño en otra cosa sorprendente.

Soy sincera, no sólo quiero la presencia de Dios *dentro* de mí; quiero Su presencia *sobre* mí. Hay una diferencia. Quiero más que saber que está en mí; deseo que mi vida sea un testimonio vivo y una ventana hacia Su gracia y Su gloria... sin siquiera decir palabra. Quiero que los demás perciban la paz de Dios cuando entre a una habitación. Cuando vengan a mi casa, quiero que de inmediato, sean concientes de que allí habita Dios. Cuando aceptamos los planes de Dios para nosotros, podemos esperar ser los instrumentos sencillos que Su Espíritu usa para hacer toda clase de cosas maravillosas: entre ellas, atraer a otros a Él.

Si alguna vez escuchaste hablar a la escritora y oradora Elisabeth Elliot, sabes que es sumamente concisa. No adorna sus charlas con fruslerías ni relleno. Comunica la Palabra, enseña la Biblia. Cheryl, una amiga que muchas veces fue a escuchar las enseñanzas de la Sra. Elisabeth, desarrolló una amistad con ella, tanto es así que cuando se cruzaron en un retiro de mujeres hace poco, salieron a almorzar juntas. Y durante la comida, Cheryl sacó este tema con Elisabeth: le preguntó por qué no se tomaba el tiempo para preparar a la audiencia o para contar historias personales, y en cambio, decidía entrar de lleno al plato fuerte de su tema sin servir ninguna entrada.

Cheryl dijo que Elisabeth la miró casi confundida por la pregunta, y luego de unos segundos silenciosos e intrigantes, dijo: «¿Y por qué querría contar anécdotas? La gente no viene a verme a *mí*. Viene a ver a *Dios*».

Vaya.

¿Y si viviéramos de esa manera? ¿Qué sucedería si entráramos a cada momento de la vida sabiendo que en todo lo que hacemos y donde vamos nuestro propósito es que las personas vean a Dios en nosotros, perciban Su presencia y sean atraídas a Su Espíritu que obra en nuestra sonrisa, nuestra postura, nuestro apretón de manos y nuestra forma de saludar? No podemos cambiar la vida de las personas, pero Dios sí puede. No logramos marcar una gran diferencia, pero Dios sí. No tenemos nada importante para decir, pero Dios sí. Y no tarda en decirlo cuando Su presencia y Su unción están sobre nosotros, cuando la obediencia al Señor define nuestra toma de decisiones. Lo que Jonás experimentó en Nínive podría ser nuestra experiencia también en nuestro rincón en el mundo, al observar cómo Dios toma un pequeño acto de obediencia y lo transforma en algo que puede utilizar para cambiar la vida de una persona.

Cuando tenía catorce años, fui con mi tía a una librería cristiana para tomar clases de idioma de señas. Mi maestra era una joven vivaz y experta en el arte de las señas. Sin embargo, sus habilidades iban mucho más allá de la capacitación y su conocimiento aplicados. Tenía un verdadero corazón para Dios y un deseo de ver un cambio en las vidas mediante este arte ministerial.

Una vez, contó que cuando estaba comenzando a aprender el lenguaje de señas, estaba sentada en una reunión de adoración donde el Espíritu de Dios se movía de manera tangible y poderosa. El pastor predicó un mensaje apasionado sobre la salvación y las personas respondieron de a montones. Nuestra maestra levantó la mirada en medio de esta atmósfera cargada de espiritualidad y divisó a un grupito de sordos que visitaba la iglesia. En su corazón, comenzó a haber un anhelo de que escucharan la Palabra de Dios que se predicaba, pero apenas si sabía algunas señas. Ni remotamente tenía la capacidad de traducir lo que el pastor decía, y por cierto, no a la velocidad en la que hablaba. Mientras luchaba pensando qué hacer, se paró en silencio y se acercó adonde estaban sentadas estas personas, las miró a los ojos y les dijo por señas cuatro palabras sencillas que sabía: «Jesús. Murió. Por. Ti».

En cuestión de minutos, comenzaron a fluir lágrimas de sus ojos. Todos corrieron al altar sin que nadie se los dijera. Cuatro señales sencillas, utilizadas con una capacidad limitada, recibieron la unción de Dios para obrar maravillas en el corazón de esas personas.

Cuando respondemos a las segundas oportunidades y obedecemos a Dios con determinación y total entrega, Su Palabra y Su obra pueden hacer maravillas a través de nosotros, lo suficiente como para derramar segundas oportunidades para muchos otros.

¿Cómo sucede?

Cuando era pequeña, recuerdo que varias cuestiones de la historia de Jonás me impactaron y conmocionaron; entre ellas, la convicción inmediata y abrumadora que se desparramó como reguero de pólvora por toda una ciudad. Y como adulta, también me he preguntado: *¿Cómo habrá sucedido? ¿Cómo es posible que un mensaje de tan pocas palabras tuviera esa clase de impacto?*

Consideremos varias cuestiones. En primer lugar, recuerda que Jonás pasó tres días y tres noches en el estómago del gran pez. Es probable que esto haya dejado una que otra cicatriz. Sabes cómo es estar susceptible y no querer que te vean por un mal corte de pelo, una imperfección en el rostro o una mancha en la ropa. Jonás hubiera dado cualquier cosa para que ese fuera su mayor problema.

Encontré otro caso, de 1926, de un hombre que fue engullido por un inmenso tiburón, mientras pescaba en el Canal de la Mancha. Dos días luego de esta tragedia, divisaron y mataron al pez. Cuando abrieron el cuerpo del tiburón, encontraron al hombre en su interior: inconsciente pero vivo. Estaba completamente pelado. Tenía manchas amarillas y marrones salpicadas por toda la piel, debido a la interacción con una mezcla tóxica de jugos gástricos. El hedor que emanaba de su cuerpo era impresionante, nauseabundo.[18]

Aunque no conocemos la magnitud de las heridas de Jonás ni el deterioro de su apariencia cuando llegó a Nínive (en especial, al considerar que había recorrido 800 kilómetros para llegar allí), no debe de haber sido la viva imagen de la salud al caminar por las calles y los jardines de la ciudad. Con esas fachas, no podría haber conseguido que lo llamaran a predicar en ningún lugar del planeta.

Y sin embargo, cuando Jonás chapoteó por la ciudad en obediencia a la palabra del Señor, hubo una increíble redada para «pescadores de hombres». No solo creyeron en Dios unas pocas personas de una comunidad aislada, ni un puñado de la gente menos importante de la ciudad. Todos los habitantes de Nínive, «desde el mayor hasta el menor de ellos», respondieron de inmediato. Increíble.

La convicción fue tan completa que hasta hicieron participar a los animales del ayuno por mandato oficial.

«Cúbranse de cilicio hombres y animales, y clamen a Dios fuertemente; y conviértase cada uno de su mal camino, de la rapiña que hay en sus manos. ¿Quién sabe si se volverá y se arrepentirá Dios, y se apartará del ardor de su ira, y no pereceremos?» (Jonás 3:8-9).

165

Fue asombroso. Increíble. «Ni siquiera el gran apóstol Pablo experimentó algo comparable a lo que vio Jonás. Pablo nunca vio a una ciudad entera entregarse a Dios».[19] ¿El mensaje de Jonás habría tenido el mismo impacto sin las cicatrices de su rebelión y las consecuencias que se aferraban a él? No lo sabemos. Pero sin duda, parte de lo que disparó este increíble avivamiento fue que para los ninivitas, Jonás parecía un muerto resucitado.

Evidentemente, Dios estaba preparando algo sobrenatural.

Aquí hay algo más: en 765 a.C., y luego en 759, dos plagas distintas causaron estragos en la ciudad y los alrededores de Nínive. La enfermedad y el dolor arrasaron la nación y muchos murieron. Hasta entonces, los muros de Nínive siempre habían sido considerados como una protección inviolable contra el ataque enemigo, pero ni siquiera esta superpotencia de la antigüedad pudo levantar una fortaleza que la protegiera contra el daño devastador de la invasión intestinal. «Estas plagas, junto con un eclipse total del sol en 763 a.C., lograron ablandar a los ninivitas para recibir la palabra de Jonás».[20] Antes de que el profeta llegara, Dios ya había obrado y preparaba los oídos del pueblo de Nínive para escuchar Su palabra. Cada uno de estos acontecimientos desastrosos, que Jonás quizás no conocía, debe haber dejado un ambiente abominable en la ciudad, que hizo que los ninivitas quisieran una solución.

Evidentemente, Dios estaba preparando algo sobrenatural.

Lo único que tenía que hacer Jonás era obedecer, pronunciar su corto discurso y seguir adelante. Hacer lo que Dios le había mandado. Él se encargaría del resto. Y cuando lo hace, cuando Su unción y Su presencia pasan por el puente que crea nuestra simple obediencia, entonces nuestra vida insignificante, nuestras palabras torpes, nuestros intentos incompetentes y nuestros abrazos callados se transforman en algo que jamás soñamos.

En algo sobrenatural.

Las segundas oportunidades comienzan a aparecer a nuestro alrededor.

¿Por qué? Porque Él fue delante de nosotros, orquestando nuestras circunstancias pasadas y presentes (tanto buenas como malas) y utilizando las situaciones para cultivar el corazón de las personas mucho antes de que lleguemos allí, para que haya el máximo impacto. Cuando obedecemos, simplemente entramos a una serie de circunstancias que Dios ya desató mucho antes de que llegáramos. Es un montaje divino.

Y a Él sea toda la gloria.

Así que ve a Nínive

«Ir a Nínive», escribe el autor James Limburg, «significa dejar que las grandes necesidades y los grandes males del mundo determinen la mejor dirección de nuestros esfuerzos y la obra de toda nuestra vida».[21] Nínive, como ya sabemos, era una ciudad grande... «grande en *extremo*», llena de «grandes» oportunidades para que fluyeran la misericordia y la restauración de Dios. Los ninivitas necesitaban una segunda oportunidad, como muchos que te rodean hoy. Puedes mirar a tu alrededor y ver áreas de necesidad espiritual «grande en extremo»: en tus hijos, en tu familia, en tu ciudad, en tu zona.

Dios te mostrará adónde están estas necesidades y llegará antes para prepararte el camino. Sigue siendo Su prioridad. Además, te mostrará las personas a las que tienes que atender, los lugares donde quiere que toques vidas mediante tu corazón dispuesto y obediente. No puedes alcanzar a todos solo. No tienes que hacerlo. Para eso está la iglesia, para unir a los creyentes de toda raza, trasfondo y denominaciones para llevar a cabo la Gran Comisión de Jesucristo. No obstante, nuestra pila personal de recibos de segundas oportunidades exige que vayamos donde Dios nos envía a *nosotros*.

Limburg dice: «Jonás no tenía que ir a todo el mundo. "¡Ve a Nínive!" Ve adonde Dios te ha mostrado una gran necesidad. Arriesga tu vida y prepárate para hacer lo que el Señor manda. Después de todo, Jonás era un individuo».[22]

Al igual que nosotros.

Individuos con otra oportunidad. Personas que saben lo que Dios hizo por ellas y lo que Su gracia y Su poder salvador puede hacer por los demás. Entonces, obedecemos. Y obedecemos. Esto se transforma en nuestro hábito y patrón constante: *obedecer*. Luego, Dios convierte nuestra preocupante interrupción (Su intervención poderosa y divina) en una fortaleza santa que no solo hace que *nosotros* nos levantemos por la mañana sino que también, mediante Su presencia y Su unción, toma a personas de nuestro hogar, nuestras calles, ciudades y estaciones de tren, desesperadas por obtener una segunda oportunidad.

Ve a Nínive, Jonás. Proclama Su mensaje. Y espera que suceda algo sobrenatural.

Quinta parte

Asuntos pendientes

CAPÍTULO 13

Dios a nuestra manera

«Y vio Dios lo que hicieron, que se convirtieron de su mal camino; y se arrepintió del mal que había dicho que les haría, y no lo hizo. Pero Jonás se apesadumbró en extremo, y se enojó».

Jonás 3:10–4:1

Me encanta escuchar los gruñidos y las risas de mis pequeños cuando juguetean en el suelo con su papá. Amo esos momentos divertidos, familiares y, sin embargo (lo sé), demasiado fugaces, cuando estamos juntos en casa al final del día... esta maravillosa etapa de la vida en que la casa está llena de energía y vitalidad. Es música para cocinar la cena.

Pero a veces, cuando ruedan y gritan en medio de su juego varonil, probando su joven testosterona contra alguien con el doble de su altura y su fuerza, pueden frustrarse un poco. Ya sabes, todo es un juego hasta que alguien se lastima o siente que pierde.

Como el día en que nuestro hijo de cinco años entró a la cocina pisando fuerte, con los bracitos cruzados y haciendo puchero. Al parecer, Jerry había realizado uno de sus movimientos característicos de lucha y había inmovilizado a nuestro hijo en una posición de la que no podía escaparse. Lo hizo enojar.

«Mamá», se quejó, «no quiero jugar más con papá y no le hablo más. Hace trampa».

¿Acaso tengo cara de árbitro? Es más, intenté no reírme frente a este tierno despliegue de irritación. Pero para él era algo serio y sabía que tenía que ayudarlo si podía. Así que me arrodillé junto a él, lo senté sobre una rodilla y le pregunté si sabía cuán grande y fuerte era su padre. «Sí», dijo enojado, «¡y hoy no le hablo más!»

«Pero, hijo, ¿y cuando es el único tan grande y fuerte como para arreglar, levantar y llevar las cosas? ¿No te alegra *entonces* tener un papá que pueda hacer eso por ti?»

Verás, mi pequeño había olvidado momentáneamente que no podía solo aceptar los aspectos útiles, beneficiosos y placenteros de la naturaleza de su padre y enojarse si Jerry usaba el mismo poder cuando a él no le agradaba.

En esencia, lo que decía era: «Sé papá a *mi* manera».

Jonás es un ejemplo excelente. Poco después de terminar de predicar, acampó fuera de Nínive «hasta ver qué acontecería en la ciudad» (Jonás 4:5). Pero incluso antes de observar el resultado, ya había comenzado a enojarse otra vez: por haber tenido que ir allí, porque aparentemente Dios se interesaba en este pueblo, porque como estos paganos repugnantes se habían arrepentido, la misericordia de Dios los alcanzaría.

¿Jonás? ¿Enojado? ¿En serio?

En el poco tiempo en que lo conocemos, parecía haber llegado tan lejos. La tormenta caída del cielo y el viaje en submarino viviente parecieron tener un efecto positivo en su vida y resultaron en un cambio notable de rumbo y en un buen sondeo de opinión pública luego de su gira para predicar en Nínive, lo que indicaba que su mensaje había sido bien recibido.

Eso debería haberlo alegrado, ¿no? Cuando, en oración, armo un mensaje y lo predico como maestra bíblica, lo que más espero es que penetre en el corazón de cada oyente y produzca un cambio genuino en sus vidas. No solo quiero que lo escuchen, sino también que respondan. Creeríamos que *cualquiera* siente lo mismo.

Pero aquí estamos tratando con Jonás: un hombre que amaba a Dios pero que aparentemente, amaba un poco más su propia voluntad. Y aunque su desagrado podría haberse desencadenado por distintos factores originados en su tiempo en Nínive, sabemos con certeza que no le gustaba el deseo de Dios de mostrar misericordia a los enemigos de Israel (aunque sí le agradaba la gracia divina para sus compatriotas hebreos). Esperaba que su mensaje no fuera bien recibido y que Dios terminara destruyendo a Nínive. Así escarmentarían.

Una vez más, nos sorprende esta actitud de Jonás, pero no debería asombrarnos. ¿Es posible que valores ciertas características de Dios cuando son beneficiosas para ti, pero en secreto las detestes si obran en la vida de alguien que no te agrada demasiado? ¿Como por ejemplo, un ex cónyuge o novio que te traicionó? ¿Quizás esa persona que te robó o te engañó? ¿Tal vez ese padre o pariente que te agredió en forma desgarradora? Aunque intentaste perdonar, ¿podríamos decir que te resultaría algo satisfactorio ver que Dios lo castiga con severidad por lo que hizo y jamás vuelve a extenderle Su favor? Nos gusta cuando la gracia de Dios se dirige a *nosotros*, pero no siempre cuando se derrama sobre ciertas personas.

En otras palabras, queremos que Dios sea Dios a nuestra manera. *Esto* pero no aquello. *Aquí,* pero no allá. *Ahora* y no después.

Luchemos, pero déjame ganar.

Sin embargo, esa no es Su manera de obrar.

¿Quién sabe?

Verás, Dios siempre desea demostrar misericordia y compasión. Es parte de Su naturaleza y concuerda con el deseo de Su corazón. Así que cuando «se arrepintió del mal que había dicho que les haría» a los ninivitas (3:10), simplemente actuó según Su esencia y Su propósito.

De acuerdo, si miramos desde afuera, parecía estar rompiendo Sus propias reglas. ¿Acaso no declaró en Su Palabra que no «cambia de parecer» (1 Sam. 15:29; Sal. 110:4, NVI), como suelen hacer los humanos? Sin embargo, en este caso parece dar un vuelco completo al ver lo que sucedió en Nínive. Dijo que los destruiría pero, bueno... Está bien, mejor no.

Hasta mis hijos lo notaron cuando les leí el tercer capítulo de Jonás. No comprendían cómo el Dios omnisciente y todopoderoso del que les había hablado podía tomar una decisión, «de aquí a cuarenta días Nínive será destruida», y luego cambiar de parecer. Si sabía lo que quería hacer, nos parece que Dios simplemente *lo haría*. Pasara lo que pasara.

En realidad, Dios ya había hecho algo parecido. Siglos atrás, aparentemente dejó que Moisés lo convenciera de darle al pueblo de Israel otra oportunidad luego de su despliegue lamentable e indignante con el becerro de oro. «Entonces Jehová se arrepintió del mal que dijo que había de hacer a su pueblo» (Ex. 32:14). Luego, atendió al ruego del profeta Amós y detuvo la plaga de langostas que había enviado. «Se arrepintió Jehová de esto» (Am. 7:3). Le mandó a Jeremías que hablara Su palabra al pueblo en el templo, pensando: «Quizá oigan, y se vuelvan cada uno de su mal camino, y me arrepentiré yo del mal que pienso hacerles por la maldad de sus obras» (Jer. 26:3).

Sin embargo, este «arrepentimiento» no es lo que hacemos los humanos cuando lamentamos nuestro pecado y desearíamos dejarlo atrás. En hebreo, «la palabra que más se usa para indicar el arrepentimiento humano es *shub*, que significa "alejarse" del pecado y "volver" a Dios».[23] Es lo que hicieron los ninivitas al responder al mensaje de juicio del Señor a través de Jonás. Se apartaron de su pecado y su maldad. Dios, en cambio, no tiene pecado, así que el concepto de «arrepentimiento» no se le aplica. La palabra para este acto en referencia a Dios es otra, *nacham*, que significa «ser movido a compasión».[24] Verás, no es que Dios se haya equivocado ni que intentara corregir un error. No cambió. No *puede* cambiar. Va en contra de Su naturaleza. Sin embargo, *Nínive* había cambiado. Y eso produjo algo sumamente coherente con la naturaleza de Dios: Su rapidez para responder frente al arrepentimiento *del hombre*.

Decir que Dios «se arrepintió» o «cambió de parecer» es lo mismo que decir que *respondió*. Vio que todo un pueblo expresaba tristeza y dolor por sus pecados e hizo lo que siempre hace cuando un pecador cansado y enfermo reconoce que su vida es un desastre por lo que ha hecho.

Dios responde. Demuestra misericordia.

Si no fuera esa Su naturaleza, no habría tenido sentido que anunciara que el juicio vendría en «cuarenta días» (Jonás 3:4). La destrucción de la ciudad podría haber venido durante la noche, al mediodía o en ese mismo instante, sin ninguna advertencia. Sin duda, lo merecían.

Pero Dios quería mostrar misericordia y no juicio. Es Su esencia. Es Su naturaleza.

Y el rey de Nínive captó esta advertencia. Por eso, sugirió sabiamente que toda la ciudad comenzara a ayunar y a orar. Dijo: «¿Quién sabe si se volverá y se arrepentirá Dios, y se apartará del ardor de su ira, y no pereceremos?» (v. 9).

«¿Quién sabe?»...

Sin saber si el mensaje de Jonás era un fallo condicional o un decreto incondicional, el rey comenzó su afirmación con «quién sabe». No intentó suponer ni sugerir con arrogancia que el perdón caería en forma instantánea desde el cielo porque él y su pueblo habían cambiado de actitud. Al igual que el profeta Joel, cuando llamó a los hijos de Dios al arrepentimiento: «¿Quién sabe si volverá y se arrepentirá y dejará bendición tras de él» (Joel 2:14). Al igual que el rey David, al orar y ayunar por la restauración de su hijo moribundo: «¿Quién sabe si Dios tendrá compasión de mí, y vivirá el niño?» (2 Sam. 12:22). Tenemos que darles lugar a los «quién sabe» en nuestro caminar con el Señor.

¿Dios siempre detendrá el juicio? ¿Cambiará en forma milagrosa la situación que estás enfrentando? ¿Ese ser amado perdido verá a Dios con claridad por fin y recibirá Su misericordia infinita para sus pecados?

¿Quién sabe? Yo no lo sé. Tú tampoco.

Pero Dios sí. Y saber que Él anhela tener misericordia y compasión debería mantenernos de rodillas, aun cuando entramos a las situaciones más desesperantes. A menos que, como Jonás, sea una faceta del carácter de Dios que no quieras compartir con todos.

Fiel y verdadero

Cuando nos enojamos, a veces comenzamos a protestar. Luego nos arrepentimos de lo que decimos, aunque nuestras palabras pueden ser sumamente reveladoras y descriptivas de lo que sucede en el corazón. A veces, cuando estamos solos y necesitamos desahogarnos, dirigimos nuestras acaloradas quejas en dirección a Dios: hacia el techo interior del auto, por ejemplo, o al cielo raso sobre nuestra cama. Quizás, sea una de las formas más sinceras de «orar» que tengamos.

Así le llama la Biblia al despotrique de Jonás en el capítulo 4 de su libro en el Antiguo Testamento. Una oración.

> «Y oró a Jehová y dijo: Ahora, oh Jehová, ¿no es esto
> lo que yo decía estando aún en mi tierra? Por eso
> me apresuré a huir a Tarsis; porque sabía yo que tú
> eres Dios clemente y piadoso, tardo en enojarte, y
> de grande misericordia, y que te arrepientes del mal.
> Ahora pues, oh Jehová, te ruego que me quites la vida;
> porque mejor me es la muerte que la vida». (vv. 2-3)

Parece que Jonás conocía bien a Dios. Después de todo, era un profeta. Esta lista particular de características divinas está tomada de una enseñanza fundamental de la doctrina hebrea que aparece muchas veces en las Escrituras, pero que fue revelada primero a Moisés cuando le llevó al Señor un nuevo juego de tablillas de piedra para volver a escribir los Diez Mandamientos. Dios bajó envolviendo a Moisés en una nube de gloria en este santo momento y se declaró a sí mismo «misericordioso y piadoso; tardo para la ira, y grande en misericordia y verdad» (Ex. 34:6).

Es interesante observar que Jonás omitió esa última parte sobre la abundante «verdad» de Dios... y no creo que se deba a que no recordaba el versículo de memoria. Es probable que haya excluido convenientemente algo que no aportaba a su versión de la historia. Le restó importancia a una «verdad» sobre el carácter de Dios, que aparece desde principio a fin en la Escritura: Él nunca cambia, ni vacila ni niega Su naturaleza. Nosotros no podemos decidir lo que queremos que sea cierto sobre Dios en determinadas etapas de la vida. Él permanece firme, fiel y verdadero nos guste o no, por más que nos resulte conveniente o no, y sin importar si tiene nuestra aprobación. Debemos aceptar a Dios tal cual es. No hay devoluciones.

Tenemos que aceptarlo a Él y también Sus caminos por completo, desde el principio al fin.

Quizás, como Jonás, tu problema con Dios sea que otra persona recibe una oportunidad de Su parte que no crees que merezca. Y estás enojado porque trata a esta persona con una medida de gracia, favor, paciencia o prosperidad que no crees que merezca, no como tú la mereces. Eres como el hermano mayor del hijo pródigo, malhumorado y perturbado porque la misericordia, la bondad y las bendiciones de Dios no se limitan a personas como tú.

Quieres que haga las cosas a *tu* manera, según *tus* términos.

O tal vez, no estás conforme con la manera en que Dios te está tratando *a ti*. Crees que mereces algo mejor después de todo lo que has hecho por Él. No entiendes por qué no cumple un deseo de tu corazón o por qué te coloca una carga inoportuna o te presiona tanto durante una época de la vida en que lo único que necesitas es descansar y recuperarte.

Quieres que haga las cosas a *tu* manera, según *tus* términos.

Quizás, hiciste un trato con Dios. Te rendirás a Él, harás lo que te pide, pero a cambio, esperas una recompensa por tu participación. Por supuesto, es verdad que la Biblia contiene muchas, muchas promesas en las que puedes confiar: garantías de paz, satisfacción y abundancia de Dios para la vida, pero a veces nos especializamos en intentar obligar a Dios a hacer algo que consideramos un pago anticipado por los servicios prestados. Sentimos que tenemos derecho a negociar con Él, a ver si podemos convencerlo de rebajarnos un precio que no estamos dispuestos a pagar. De lo contrario, quizás nos vayamos.

Es como uno de esos negocios que me encantan, donde puedes escoger una pulsera o un bolso con una etiqueta de precio de 35 dólares y decir que la llevas por 20. Treinta, es la contraoferta. ¿Qué me dices de 25? Y llegan a alguna clase de acuerdo.

Quizás funcione en el mercado de pulgas, pero no con Dios.

Tengo que ser sincera contigo: si decides ceder, rendirte y obedecerlo a Él, quizás *aun así* las cosas no salgan como esperabas, como pensabas que Dios respondería a tu parte del trato. Siempre debemos dejar que Dios sea Dios: a *Su* manera y no a la nuestra. Él obra en nuestra vida con un propósito del reino que es mucho mayor, grandioso e imponente que la satisfacción de nuestros deseos un domingo por la tarde. Con sabiduría, soberanía y amor, Dios orquesta planes y propósitos que van de generación en generación, atraviesan los límites geográficos, cosas que nunca podríamos comprender. Y es arrogante y descabellado de nuestra parte pensar que se trata de alguna clase de tablero cósmico de Monopoly, donde podemos acorralarlo para que nos cambie nuestros tres ferrocarriles por Su paseo tablado.

Al estilo de Jonás.

Dios no desestima tus inquietudes y necesidades genuinas con displicencia, pero puede expresarte Su amor y Su bondad de maneras que no entiendas hasta diez años después... o en formas que quizás *nunca* comprendas hasta que lo adores en gloria. Sin embargo, debes confiar en que «justo es Jehová en todos sus caminos, y misericordioso en todas sus obras» (Sal. 145:17), en que sabe los planes que tiene para ti, «planes de bienestar y no de calamidad, a fin de darles un futuro y una esperanza» (Jer. 29:11, NVI), en que es plenamente capaz de ser Dios y hace Su trabajo con excelencia.

Recibimos muchísimas llamadas, correos electrónicos y respuestas en el blog de nuestro ministerio de personas que preguntan «¿por qué?»: ¿Por qué me sucede esto, por qué Dios permite algo así, por qué espera que soporte esta situación? Como la mujer que me escribió hace poco, una madre soltera con cuatro hijos. El primer compañero la abandonó y le rompió el corazón, y otro hombre quebró su compromiso con ella porque cambió de opinión a último momento. Los dos hombres siguieron adelante. Están casados, tienen una familia y todo parece irles de maravilla. Pero a ella no. Lucha para subsistir, intenta cuidar a su familia y se siente un poco sola. Así no tenían que salir las cosas.

No es difícil ver de dónde surgen las preguntas. Y me alegra que estén dispuestos a abrir el corazón con nosotros mientras las enfrentan. Podemos dolernos y orar contigo porque cada uno de nosotros se ha hecho las mismas preguntas. De igual manera David, los salmistas y los profetas se lamentaban a menudo en la Escritura, incluso el Señor Jesús en la víspera de Su prueba y crucifixión: «Dios mío, Dios mío, ¿por qué me has desamparado?» (Mat. 27:46). Sin embargo, no sabemos ni podemos saber algunas cosas. Algunas respuestas que buscamos están escondidas con sabiduría y soberanía en los misterios de Dios. Y en resumen, tú, yo y todos los que proclaman el nombre de Cristo mediante la fe en la gracia divina debemos aferrarnos con toda nuestra fuerza a Su Palabra viva que nos garantiza que nuestro victorioso Señor se llama «Fiel y Verdadero» (Apoc. 19:11).

Nuestro Dios (el Dios de Jonás) no solo es grandioso sino también misericordioso. No es solo nuestro, también se inclina en forma redentora hacia todos los que necesitan esperanza, perdón y una segunda oportunidad, sin importar lo que opinemos. Nuestro enojo hacia Él es energía desviada que, si se transforma en confianza y sumisión a Sus propósitos omniscientes, nos aseguraría las bendiciones constantes de relacionarnos con Aquel cuya Palabra permanece para siempre, el único que puede sostenernos a ambos lados de las interrupciones de la vida.

¿Por qué estás tan enojado?

Al abordar el cuarto capítulo de Jonás para prepararme para escribir y estudiar, Jerry y yo nos encontrábamos en un momento de la vida donde teníamos que tomar una decisión importante sobre uno de nuestros hijos. Hablamos, oramos e intentamos dilucidar la situación mirándola desde todos los ángulos, y digamos que no podíamos llegar a un acuerdo. Estábamos en lo que a menudo llamo una «comunión acalorada»: no es una discusión, pero se aleja mucho de una conversación tranquila.

Sabía que Jerry tendría la última palabra. Y como estaba segura de lo que pensaba, comenzó a hervirme la sangre. Ya me sentía resentida y enojada, y él ni siquiera había tomado la decisión. Ya había establecido cuántos días planeaba no hablarle, cómo me esforzaría al máximo para hacerle la vida imposible. (No me *mires* como si no supieras de qué estoy hablando). Me iba a enojar, y créeme, no tendría que leer entre líneas en mi frente para darse cuenta.

Entonces, llegó la Palabra de Dios.

Otra vez me interrumpió Jonás.

Ahora, antes de decirte el versículo exacto que usó el Espíritu de Dios para hablarme en esta ocasión, quiero que sepas algo: cuando en el antiguo Israel se leía en voz alta el libro de Jonás, el final de la abierta diatriba del profeta en el capítulo 4 se señalaba con una pausa perceptible. El texto masorético, uno de los manuscritos más antiguos y confiables del Antiguo Testamento, incluye un recurso gramatical llamado *setumah*, que indica una leve pausa o respiro en la lectura.[25] Este intervalo enfatizaría la respuesta cortante de Dios. Cuando considero esto, no puedo evitar pensar en un padre que escucha, espera y da golpecitos con el pie hasta que el hijo caprichoso por fin termina con sus quejas lamentables y se calma un poco. Entonces, luego de una pausa con un suspiro purificador de silencio, se inclina y, mirando a los ojos a este pequeño, le responde con toda la paciencia y autoridad que puede reunir.

Así que intenta ponerte en el lugar de Dios, al escuchar el berrinche del profeta. Lee los comentarios de Jonás. Luego detente. Y por último, lee con detenimiento y énfasis la respuesta de Dios.

Jonás: «Ahora, oh Jehová, ¿no es esto lo que yo decía estando aún en mi tierra? Por eso me apresuré a huir a Tarsis [...] Ahora pues, oh Jehová, te ruego que me quites la vida; porque mejor me es la muerte que la vida» (vv. 2-3).

[Pausa]

Dios: «¿Tienes razón de enfurecerte tanto?» (v. 4, NVI)

Esa pregunta. Debe de haber quedado en el aire durante un momento, hasta que Jonás comprendió por completo su gravedad. Los interrogantes de Dios parecen tener ese efecto.

Verás, Él tiene una habilidad especial para hacer preguntas... en especial, preguntas a las que ya tiene la respuesta. Piensa en Adán y Eva en el jardín (Gén. 3:6-11), en Caín luego del asesinato de su hermano Abel (Gén. 4:3-7), en Felipe y los demás discípulos con los cinco panes y los dos peces frente a una multitud para alimentar (Juan 6:5-6). Esta pregunta antigua de Dios a Jonás se hizo muy actual para mí cuando el Espíritu me alumbró con su reflector. Fue uno de esos momentos en que, luego de leer una parte de la Escritura, te sientas y miras a tu alrededor porque crees que Dios puede llegar a estar detrás de las cortinas o junto al armario.

Parecía estar diciéndome: «Priscilla, no solo tengo *tu* vida, sino también la de tus hijos, la de tu esposo, la de tu familia y la de tus futuros nietos en la palma de mi mano. Estoy sentado en el trono y superviso todo. ¿Y acaso no me he ocupado siempre de ti, aun cuando las cosas no salen como te gustaría? Quizás Jerry tome esta decisión, pero como siempre, yo tengo la última palabra. Estoy aquí, me ocupo de esto y sé lo que hago. ¿Tienes una verdadera razón para enojarte, después de todo lo que he hecho para proveerte, protegerte y mantener mis promesas para tu vida?»

Se lo preguntó a Jonás.

Me lo preguntó a mí.

Y ahora, te lo pregunta a ti.

«¿Tienes una buena razón?»

En realidad, desde una perspectiva puramente humana, Jonás tenía toda clase de razones para enojarse... y las seguiría teniendo en el futuro. En 722 a.C., «aproximadamente 38 años luego de la predicación de Jonás en Nínive, el ejército de Asiria arrasó el reino norte de Israel, sitió Samaria y arrastró a todos los ciudadanos al cautiverio».[26] Su método habitual era consumir civilizaciones enteras mezclándose con los grupos cautivos y borrando su identidad nacional. El reino norte de Israel se perdió en la historia desde ese momento, y Jonás podía agradecer a Nínive por eso: el lugar donde había ido a declarar el gran interés misericordioso de Dios por ellos. Probablemente, sintió una buena parte de culpa por su función en mantener a flote el futuro de esta ciudad.

Por supuesto que Jonás estaba enojado. ¿Quién no lo estaría?

Así que no quiero que interpretes que tu circunstancia o interrupción no es grave y terriblemente compleja, que nadie se imagina por qué haces tanto escándalo al respecto. Créeme, la situación entre Jerry y yo fue tan intensa que llevó a mis amigas más cercanas a arrodillarse a orar por mí. Es comprensible que llores al enfrentar esto y que el enojo pueda surgir con facilidad, y esto complica muchísimo tu vida. Pero como Dios tiene el control y tiene mucha más experiencia y habilidad que tú para manejar esta situación, como un Padre perfecto se ocuparía de Su hijo, y como estás completamente seguro de que te ama y puede transformar todo para tu bienestar, «¿Tienes razón de enfurecerte tanto?»

¿De verdad?

En el caso de Jonás, Dios obraba según Sus propósitos divinos, por más misteriosos e incomprensibles que hayan parecido. Y al profeta no le correspondía decirle a Dios qué hacer o cómo actuar, ni sacudir el dedo para reprenderlo y acusarlo de traidor. Estaba fuera de lugar para *Jonás* y también para nosotros.

Quizás te encuentres en medio de una circunstancia que te hace enojar. Te sientes frustrado, no sabes por qué te sucede esto y tal vez no estás del todo de acuerdo con la manera de Dios de manejar las cosas, porque sabes que podría mejorar y resolver todo de inmediato. En cambio, Él parece conformarse con hacer preguntas y abordar las motivaciones de tu corazón en lugar de arreglar lo que está roto o fuera de equilibrio.

Sin embargo, no hace estas preguntas difíciles y desafiantes solo para escuchar Su propia voz. Ya conoce la respuesta. Su objetivo al presentárnosla es ayudarnos a cambiar de parecer y aceptar la respuesta, al desenterrar los problemas interiores que desconocíamos y al darnos la oportunidad de soltar el control y el enojo para poder descansar en la bendita certidumbre que Cristo nos dio al morir. Él sabe que esta interrupción traerá cuestiones más importantes que una conclusión, como un corazón en paz con Su santa voluntad, confiado en Su consejo sabio, convencido de Su bondad y rendido a Sus propósitos aunque no nos gusten ni los comprendamos.

Pensamos saber lo que queremos. En realidad, lo único que deberíamos anhelar sería estar en completo acuerdo con Sus deseos para nosotros y Sus propósitos para nuestra generación. Entonces, debemos dejar que Dios sea Dios: a *Su* manera y no a la nuestra.

Hace un tiempo, Jerry y yo nos estábamos cambiando para una elegante salida los dos solos, y me había comprado un atuendo nuevo para la ocasión. Estaba contenta con el resultado final: ya sabes, cuando añades el último toque de maquillaje y terminas de acomodarte el cabello, cuando te miras desde varios ángulos en el espejo y decides: «Sí, estoy linda».

Me deslicé a la otra habitación donde esperaba mi esposo y lo miré con ojos de: «Bueno, ¿qué te parece?» Y como hombre que es, sumamente sincero, objetivo y con suerte de seguir vivo, a quien amo y con quién me casé, dijo con total naturalidad: «No me gusta mucho esa camisa».

Y a mí no me gustó mucho ese comentario.

Pobre hombre. Jerry no sabía que yo ya tenía el libreto para esta breve interacción. Yo tenía que lucir hermosa y él tenía que decírmelo. Pero cuando escribimos un libreto que la otra persona no conoce y lo creamos en nuestra mente, no podemos esperar ni obligar al otro a que diga exactamente lo que escribimos.

Y demasiadas veces, lo hacemos con Dios, como hizo Jonás. Le decimos cómo tienen que ser las cosas. Le decimos lo que queremos que suceda. Le decimos cuál es nuestra voluntad en esta situación. Y luego esperamos que Él (si nos ama) firme el libreto que escribimos. Después de todo, ya armamos este atuendo completo y lo único que necesitamos es Su bendición y Su aprobación. Entonces, estamos listos.

Entra el enojo. Entra la ley del hielo. Entran las decisiones inmaduras de no hablarle, no orar ni tener nada que ver con Él hasta que cambie de parecer y se adapte a nuestra perspectiva, hasta que juzgue adecuadamente a las personas con quienes estamos enojados.

Y si a Jonás esto le queda lamentable y poco atractivo, a nosotros también. «¿Tienes razón de enfurecerte tanto?» No si sabes lo que te conviene. No si eres consciente de la profunda necesidad de los demás, incluso de los que no te importan demasiado.

No si sabes bien quién es tu Dios grande y poderoso.

CAPÍTULO **14**

Los cambios de humor de Jonás

«Y preparó Jehová Dios una calabacera, la cual creció sobre Jonás para que hiciese sombra sobre su cabeza, y le librase de su malestar; y Jonás se alegró grandemente por la calabacera. Pero al venir el alba del día siguiente, Dios preparó un gusano, el cual hirió la calabacera, y se secó».

Jonás 4:6-7

Hace poco, tuvimos un invierno en Dallas digno de un libro de récords. Muchísimo frío. Toneladas de nieve espesa, mojada, profunda y hermosa. Gracias al Señor por las cámaras digitales, porque no creo que habrían existido suficientes rollos Kodak en las tiendas cercanas para mantenernos abastecidos. (Creo que tampoco quedó suficiente detergente para lavarropas cuando las mamás lavamos las montañas de ropa de juego que se fueron apilando). Nadie quería perderse un minuto de esta excepcional nevada tejana.

Nos parecíamos a los niños en el carrusel. Fue divertidísimo. Hasta el noveno o décimo día consecutivo de temperaturas heladas, cuando se nos acabó el tanque de propano del patio y la casa quedó fría, sin estufa y sin agua caliente.

Se fue el sentimiento agradable.

No imaginas lo contenta que me puse al escuchar al hombre del gas golpear nuestra puerta una tarde helada, alrededor de las 4:30, para salvarnos de otro día de depender del calor que irradiaba mi computadora portátil para mantenerme apenas tibia, mientras escribía vestida con un conjunto deportivo y una bata de lana afelpada. En minutos, elevé el termostato tanto como se podía y comencé a descongelarme bajo el respiradero del techo de nuestra habitación. Ahhh... calidez. ¡Qué felicidad!

¡Que venga la primavera!

A veces, somos criaturas del bienestar, ¿no? Si llueve demasiado, nos quejamos por tener que chapotear hasta la tienda con el paraguas otra vez, o porque los chicos están encerrados con mucha energía contenida. Si no llueve *lo suficiente,* nos lamentamos por el calor que hace y por lo que la sequía le ha hecho a nuestro jardín y nuestras plantas. El aire prendido, la calefacción más alta, las almohadas bien mullidas, nuestros bocadillos favoritos en la despensa... a veces, hacen falta muchas cosas para que no protestemos.

Parece un buen lugar y una atmósfera adecuada para que alcancemos a Jonás luego de su tiempo en Nínive, después de romper las tratativas con Dios, sin siquiera molestarse en responder Su pregunta sobre el enojo, habiéndose ido de la ciudad apenas pudo, como un niñito malhumorado.

Con los cuatro capítulos a nuestra disposición, tenemos una comprensión de la situación de Jonás que él no tenía. Todavía no sabía cuál sería la decisión de Dios para Nínive, así que se fue lejos del alcance del fuego y el azufre, donde podría observar cómodamente la explosión de esta ciudad. «De aquí a cuarenta días Nínive será destruida», era lo que Dios lo había inspirado a decirles a estos salvajes (Jonás 3:4). *Destruida.* Es la misma palabra abominable y arrasadora que se usa en Génesis

19:25 para describir la erradicación divina de Sodoma y Gomorra. Esta palabra suponía ruina y destrucción.

Ubicado en las afueras de Nínive, levantó una especie de refugio de donde podría mirar los fuegos artificiales que esperaba; probablemente, algo con paredes y hojas a modo de techo, que no lo protegía demasiado de los rayos solares intensos. Es probable que haya entrado en calor allí con el correr del día: una temperatura que hacía juego con su humor sulfurado, luego de sus experiencias del día. Esta intervención divina había sido demasiado para Jonás. Estar en Nínive había sido tan espeluznante como lo había imaginado. Su enojo por lo que podía llegar a significar el arrepentimiento de su enemigo lo había llevado tan lejos que al menos contemplaba la posibilidad del suicidio. La discordia con este pueblo le corría profundamente por su sangre hebrea.

Y sin embargo, un cambio sencillo en su situación de control del clima mejoraría considerablemente su estado de ánimo. En cuestión de momentos, Jonás pasaría de la completa desesperación al entusiasmo gozoso.

Plantas, personas y prioridades

«Y preparó Jehová Dios una calabacera, la cual creció
sobre Jonás para que hiciese sombra sobre su cabeza,
y le librase de su malestar; y Jonás se alegró
grandemente por la calabacera». (Jonás 4:6)

Piénsalo. La posibilidad de que toda una ciudad fuera rescatada del pecado y el peligro hizo que Jonás quisiera morirse. Sin embargo, la aparición repentina de una planta que hacía sombra fue curiosamente emocionante como para sacarlo de un estado de ánimo sombrío y ponerlo en otro camino emocional. Se alegró.

No, no solo se alegró. «Se alegró muchísimo».

Ahora, ¿quién soy yo para juzgar al pobre Jonás? Ya admití que un tanque nuevo de combustible para la calefacción y la posibilidad de hervir agua para hacerme un té tuvo la capacidad de encender una nueva esperanza en mi alma estremecida. Ese día, me entusiasmó más la restauración de nuestras condiciones climáticas que cualquier otra cosa.

¿Seré demasiado dura conmigo misma? ¿Demasiado exigente? ¿Qué tiene de malo que me guste tener los dedos de los pies tibios? Entiendo. Pero si prestamos atención, las intervenciones divinas tienen una manera misteriosa de advertirnos sobre el estado de nuestro corazón. Las interrupciones, incluso las positivas, a menudo pueden revelar desequilibrios ocultos y engañosos que podrían causarnos problemas más adelante si se dejan sin diagnosticar ni tratar. Es como darse cuenta de que los frenos del auto no andan bien, que el andar está un poco brusco o que deja manchas de aceite en la acera. Son señales pequeñas que advierten que hace falta una puesta a punto. Para Jonás, todas las señales apuntaban en esa dirección. El problema no era que disfrutara la planta; no tenía nada de malo. Lo erróneo era que le importaba más la planta que las personas.

Considera lo siguiente. Para Jonás, la intensidad de su «malestar» en ese calor sofocante (v. 6) era de similar magnitud a la del «mal» que Dios les ahorró a los arrepentidos ninivitas (3:10). El sustantivo que se utiliza para esas dos palabras es el mismo en el idioma original. Esta exageración evidente de la adversidad de Jonás nos muestra algo que vale la pena observar... y él también debería haberlo visto. Su sistema interior para medir se inclinaba a interpretar su dolor personal con una sensibilidad extrema, mientras que era prácticamente inmune al sufrimiento y el dolor de los demás.

Es un problema. Hace falta una restructuración.

Además, uno pensaría que el misericordioso regalo divino de la sombra habría llevado a Jonás a desear «consolar a los que están en cualquier tribulación, por medio de la consolación con que nosotros somos consolados por Dios» (2 Cor. 1:4). Este alivio sobrenatural del calor abrasador tendría que haber disparado en él discernimiento, lo cual lo habría ayudado a ser al menos más sensible y acogedor frente a la gracia y la bondad que Dios les ofrecía a los ninivitas. Una vez más, el Señor le demostró Su favor divino a Jonás, pero él siguió resistiéndose a ver que la salvación de Dios podría ser un regalo similar para los demás.

Es un problema. Hace falta una restructuración.

Y nosotros no somos diferentes. A menudo, también necesitamos el mantenimiento de las intervenciones divinas para reconocer no solo a los villanos evidentes como el enojo y el orgullo y los focos tradicionales de pecaminosidad, sino también otras cosas desalineadas, esas cuestiones interiores que pueden ser más difíciles de detectar. Como un espíritu crítico. Un ensimismamiento poco saludable. Una insensibilidad a las necesidades de otros. La renuencia a incomodarnos. Pequeñas cosas que impiden que los planes, las prioridades y las actividades de Dios sean lo más importante para nosotros.

Cuando esto sucede, debemos saberlo. Necesitamos que nos digan cuándo hay una incoherencia entre nuestro carácter y el de Dios. Necesitamos que nos muestren lo poco que nos importan (por contraste) las cuestiones más profundas, importantes y sustanciales que cautivan Su corazón.

No hay nada como pasar tiempo en el garaje de Dios para quedar aptos para volver a circular en lo espiritual. Sus intervenciones pueden costarnos más de lo que esperábamos, pero las recompensas de andar con un máximo rendimiento pueden quitar las preocupaciones de la vida a medida que avanzamos por la carretera. Las puestas a punto de Dios pueden significar menos lentitud en las curvas y menos cambios de marcha, así como menos paradas para reparos innecesarios en el camino.

Y la puesta a punto de Jonás estaba por comenzar. Justo... ahora.

«Al venir el alba del día siguiente, Dios preparó un
gusano, el cual hirió la calabacera, y se secó.
Y aconteció que al salir el sol, preparó Dios un recio
viento solano, y el sol hirió a Jonás en la cabeza,
y se desmayaba, y deseaba la muerte, diciendo:
Mejor sería para mí la muerte que la vida».
(Jonás 4:7-8)

La cómoda sombra de la planta de Jonás se desvaneció poco después de aparecer. Y con el sol abrasador encima otra vez, intensificado por un «recio viento solano», Dios escogió este momento oportuno para hacer una pregunta que debe de haberle resultado conocida al profeta: «¿Tienes razón de enfurecerte tanto por la planta?» (v. 9, NVI). La primera vez que Dios le hizo una pregunta como esta (v. 4), se concentró en el enojo de Jonás hacia la cuestión con los ninivitas y la decisión divina de extenderles misericordia. Esta segunda pregunta se concentró en forma más específica en esta planta solitaria y en el enojo del profeta al perderla. Al igual que un niño que necesita que le dividan un problema en todas sus partes para ayudarlo a comprender, Jonás obtuvo una lección básica sobre las prioridades divinas.

La primera vez, el profeta no respondió. Esta vez, sazonó su respuesta con algo que probablemente fuera «un improperio hebreo».[27] *Sí, Señor,* «tengo razón para enojarme hasta la muerte» (v. 9, LBLA). Al parecer, seguía sin entender el mensaje. A Dios le importaban mucho los pecadores, los heridos y los quebrantados; a Jonás le importaba en forma desproporcionada una tonta plantita, tanto como para querer morir por lo que había significado para él.

Es un problema. Hace falta una restructuración.

Entonces, está claro que los ninivitas no eran los únicos de esta historia que necesitaban un ajuste de actitud y conducta. También Jonás, el profeta de Dios, tenía un corazón y una mente que necesitaban restauración. Ya hacía tiempo que tendría que haber cambiado sus prioridades.

Así que es un buen momento para preguntar: tus intervenciones divinas, junto con las lecciones que aprendiste al observar a Jonás, ¿han revelado algunas arterias tapadas en tu sistema de pensamiento, algunas maneras habituales de responder en la vida que están fuera de sintonía con la perspectiva de Dios?

- ¿Acaso hay, por ejemplo, alguna «planta» que te importe más que las personas y los planes que Dios ha puesto a tu cargo, algunos deleites y condiciones de vida que no soltarías sin pelear, y con una sensación de privación?

- ¿Estás dispuesto a demostrarles misericordia a los demás como tú la recibiste, aunque sea a una persona que te frustra constantemente con sus exigencias o su fastidio?

- ¿Exageras las molestias simples de tu vida al punto de que comienzan a parecer tan abrumadoras y terribles como las calamidades de otros o su destino eterno en riesgo?

- Al considerar el sacrificio y la compasión de Dios para contigo, ¿estás dispuesto a echar abajo tu pared susceptible e infranqueable de dureza hacia cualquiera que te haga sentir traicionado, disminuido o ignorado?

- ¿Tu propio dolor y tu pérdida evitan que reconozcas las heridas y las necesidades en la vida de los demás: problemas que podrías intentar aliviar, o al menos ofrecer tu consuelo y aliento, al permitir que tus propias experiencias te ayuden a identificarte con lo que atraviesan y puedas levantarles el ánimo?

- ¿Te interesa más el final de temporada de tu programa de televisión favorito o el primer fin de semana del campeonato de baloncesto que la liberación de vidas mediante el poder liberador de la gracia de Dios?

Sé que son preguntas difíciles, algunas de ellas *particularmente* duras, si consideramos las experiencias de vida que forjaron las situaciones que te traen a la mente. Sin embargo, Dios pregunta y tenemos que responder.

Si los ignoramos o nos resistimos, estos dilemas tienen el potencial de evitar que sigas a Cristo con todo tu ser, como siempre quisiste. Y seguirán haciendo que tu relación con Él te resulte tensa e insatisfactoria si decides no enfrentarlos. Serán un obstáculo espiritual para vivir con propósito y significado tangibles.

Son problemas. Y necesitan una restructuración.

Considera la Fuente

Espero que hayas notado que los capítulos de este libro están divididos intencionalmente en cinco secciones, que siguen los cambios de vida más importantes de la historia de Jonás (y de la nuestra). A esta última sección, la llamé «asuntos pendientes» porque es evidente que aunque Jonás dio algunos pasos obedientes en su dura experiencia bíblica, pronto experimentó deslices importantes en el capítulo 4, que revelan la necesidad de más ajustes y retoques. Dios usó algunas ilustraciones sencillas pero poderosas y a medida para mostrarle a Jonás que necesitaba una puesta a punto. Y todos podemos aprender de ellas.

Seguramente has estado en la misma situación del profeta. Quizás ahora mismo estés exhausto, desdichado y cansado de que te exijan tanto, y no sabes si puedes soportar más. A Jonás se le estaba juntando todo. En la parte de su historia que conocemos, llegó al punto de completa desesperación. La palabra raíz que describe el afán con que el gusano «hirió» la planta de Jonás (v. 7) es la misma utilizada en el versículo 8 «para indicar el agobio del sol abrasador».[28] No sabía cómo sobreviviría a esta situación. Como también te sucede a veces, probablemente sintió que estaba maldito. Estaba agotado emocionalmente. Exhausto a nivel físico. Nada salía como quería.

Pero aunque en ese momento a Jonás no le agradaba lo que sucedía en su vida, era precisamente lo que necesitaba para ver la disparidad entre su religión y su realidad. Y nadie mejor que Dios para saber lo que necesitaba. Me pregunto si Jonás habrá vinculado sus dificultades con la mano del Señor. Su destino lo tenía tan contrariado y alborotado que ni siquiera notó las lecciones divinas que Yahvéh quería enseñarle.

Dios había diseñado cuidadosamente estas medidas correctivas:

- La planta del versículo 6 creció hasta la altura precisa del refugio improvisado de Jonás, y era lo suficientemente densa como para darle la sombra necesaria.

- Asimismo, los animales salvajes podrían haber amenazado su vida mientras acampaba solo en la periferia de la ciudad, pero Dios permitió solamente que se le acercara un gusanito, un insecto que podía dañar su planta.

- Dios no envió una ráfaga de viento recio desde cualquier dirección, sino específicamente un viento «solano» (v. 8). Como Jonás ya se encontraba al «oriente» de los muros de la ciudad (v. 5), las paredes no lo protegerían del viento, como lo habrían hecho de encontrarse del otro lado.

Por supuesto, no todas las dificultades de tu vida vienen directamente de parte de Dios. Aunque nada puede tocarte si Él no lo permite, debemos ejercitar el discernimiento y pedirle sabiduría para saber si tenemos que orar en contra de lo que nos sucede (un ataque directo del enemigo) o si es la manera del Señor de estimularnos a seguir caminando con Él. Son decisiones espirituales difíciles. Sin embargo, incluso en medio de una interrupción enloquecedora, no podemos equivocarnos si elevamos los ojos al cielo, ansiosos por ver lo que Él intenta lograr en nosotros, conscientes de que a menudo no reconocemos ni consideramos Su participación en los sucesos de la vida.

Creo que una de las maneras de saber que Dios está detrás de lo que sucede en nuestra vida es cuando no podemos precisar otra fuente, cuando no podemos identificar el culpable claramente, ni una solución para el problema. En el caso de Jonás, aunque no sabemos la clase exacta de planta que le dio el Señor, es probable que el gusano haya atacado la base. Posiblemente, desde la perspectiva del profeta, la planta comenzó a marchitarse sin explicación alguna. Ya era difícil ver que la fuente de su sombra se debilitaba, pero no saber por qué o cómo hacer algo al respecto habrá sido totalmente frustrante.

¿Has experimentado alguna desilusión últimamente, y no puedes identificar la fuente del problema? ¿Podrá ser Su plan para lograr que enfrentes algunos asuntos pendientes? Piénsalo.

Quizás no sea el mejor momento para decirlo, pero sigue siendo verdad: las interrupciones vendrán. La mayor parte del tiempo, se nos pedirá que hagamos más de lo que queremos o de lo que nos sentimos capaces. Y sin embargo, como estas interrupciones son más de lo que parecen, porque Dios las usa o las permite como *intervenciones divinas*, se transforman en verdaderos instrumentos de bendición.

Solo tienes que creerlo.

Un mejor camino

Aunque Jonás se resistió a las preguntas de Dios, podemos aprender de sus errores y decidir no cometer los mismos. Podemos considerar nuestras interrupciones como un buen momento para invitar al Señor a obrar en nosotros. Podemos dar gracias porque Sus intervenciones divinas nos ayudan a detectar nuestros puntos débiles antes de que empeoren, disminuyan nuestro rendimiento y nos cuesten más cada día... mucho más de lo que pensamos durante el resto de nuestra vida. Y podemos confiar en que el Espíritu Santo que mora en nosotros no solo comience a reparar y componer sino también a cambiar nuestra manera de hacer las cosas.

Verás, cuando Dios usa interrupciones correctivas para ayudarnos a ver la brecha entre nuestro carácter y el Suyo, no nos deja librados a nuestros propios medios. Tenemos el Espíritu Santo en nuestro interior, no solo para compañía, consuelo, consejo y guía sino también para nuestro fortalecimiento: Su poder incomparable e imposible. Y aunque nunca nos rendiremos lo suficiente a Él como para no equivocarnos, podemos decidir crecer cada día, perfeccionando nuestra voluntad de someternos y dejar que el Señor haga Su obra heroica mediante nosotros.

No en vano se llama el «fruto del Espíritu» (Gál. 5:22). El amor, la bondad, la templanza y todo lo demás comienza a surgir en nosotros en forma sobrenatural a medida que nos rendimos a Su autoridad y dejamos de lado nuestra propia capacidad para lograr cualquier cosa de importancia espiritual y confiamos plenamente (una vez más, *plenamente*) en que Él puede hacerlo a través de nosotros, de nuestro corazón rendido. El Espíritu de Dios en verdad es suficiente. Es *más* que suficiente. Nada que se interponga entre tu situación actual y el llamado divino para tu vida pueda resistir el poder del Espíritu Santo que mora en ti.

La gracia, el perdón, la compasión y el sacrificio se esperan de nosotros porque son los asuntos que más le importan a Dios. Y cuando nuestro corazón comienza a parecerse al Suyo cada vez más, empezamos a participar con Él en tareas cotidianas y actividades a largo plazo que hacen que nuestras costumbres seguras, susceptibles y egoístas nos resulten tan abominables como antes nos parecían atractivas.

Me pregunto qué sucedería si en lugar de decir «no» e irnos, atendiéramos de verdad a lo que Dios nos expone en medio de las interrupciones de la vida, a las áreas específicas que Su Espíritu nos señala que debemos rendirle más. ¿Qué sucedería si lo más importante para Él se transformara también en lo más importante para nosotros?

Al igual que Jonás, tenemos asuntos pendientes que atender.

¿Qué te parece si lo hacemos?

CAPÍTULO 15

Hay mucho más para decir

De todo esto has tenido noticia, ¿y no vas a proclamarlo?
Desde ahora te haré conocer cosas nuevas; cosas que te son
ocultas y desconocidas.

Isaías 48:6, LBAD

La otra noche, fui a ver una película con unas amigas. Nos quedamos allí sentadas todo el tiempo, completamente fascinadas por las sorpresas inesperadas del argumento. Derramamos algunas lágrimas en ciertos momentos, totalmente cautivadas por la experiencia tan conmovedora. Luego, cuando comenzamos a percibir que se terminaban las dos horas y parecía que comenzaba a cerrarse el argumento...

No fue así.

Sencillamente, desapareció. La pantalla se puso negra, comenzaron a deslizarse los reconocimientos y se terminó. Así, nada más. La gente sentada a nuestro alrededor comenzó a juntar sus cosas y a irse, pero ninguna de nosotras tres se movió. Nos quedamos mirando en silencio la pantalla, y luego nos miramos con expresiones vacías. Nos quedamos con la boca abierta por la incredulidad.

¿Eso fue todo?

Oye, esperen, nos quedaron muchas preguntas sin contestar. Cabos sueltos que había que atar. Cuestiones que quedaron colgando, implorando una conclusión. ¿Cómo puede ser que estuvimos allí sentadas tanto tiempo, tan absortas en la trama, solo para terminar desilusionadas e insatisfechas?

Al llegar al final del libro de Jonás, quizás sientas lo mismo. Quisiera poder decirte que su historia termina con éxito y tiene una conclusión prolija e impecable, pero no es así. Nadie marcha en medio de las aguas del Jordán hacia la Tierra Prometida. No se revierte la adversidad milagrosamente como al final de la dramática crisis de Job. No hay redención, como en el caso de José, el hermanito despreciado, que bendice y perdona a sus indignos hermanos. No hay un gran festejo por el regreso, como el padre del hijo pródigo que corre a recibir a su muchacho.

No hay una conclusión.

No hay saludos finales.

No hay final épico.

No. Nada de eso. El último versículo del capítulo final de Jonás termina con un signo de interrogación. Es adecuado, porque allí comienzan las preguntas.

¿Hacia dónde irá Jonás ahora? ¿Es el comienzo de un cambio en su carácter o vuelve a escabullirse a la rebelión y la resistencia? ¿Los ninivitas salen de la ciudad buscándolo, curiosos por saber más de este hebreo que comenzó semejante revolución? ¿Se atreve a volver a su hogar, con temor a lo que pueda hacer su pueblo por haber traicionado su lealtad? ¿Alguna vez llega a Jerusalén a ofrecer los sacrificios que mencionó en el vientre del pez? ¿O acaso (es lo que yo espero) vive para enfrentar las intervenciones divinas en el futuro con una perspectiva distinta, dispuesto a someterse a los planes de Dios?

No me gusta dejarlo así.

No me gusta que nos deje *a nosotros* así.

Ningún teatro produciría una obra con un final tan oscuro. Ninguna editorial en el mundo aceptaría ni imprimiría este manuscrito. A pesar de toda la acción, la intriga y las situaciones interesantes, no hay un desenlace.

Sin embargo, nuestro *Dios* decidió imprimirla. Con mucha más sabiduría que cualquier junta revisora o crítico literario, ha guardado este relato importante a través de los tiempos para transmitirnos la experiencia auténtica de la vida de otra persona. Por tanto, aunque puede frustrarnos lo que no se nos dice, quizás deberíamos volver a mirar y concentrarnos en lo que *sí* se nos dice. Al hacerlo, descubrimos que la historia de Jonás nos deja mucho para celebrar, considerar e incorporar a nuestra propia vida.

Al final

Este relato comenzó con «palabra de Jehová» (1:1) Y al final, la palabra de Dios trae la conclusión.

En los últimos versículos de Jonás, Dios habla más de lo que habló en el resto del libro, sazonando Sus palabras con preguntas y comentarios diseñados para perforar al profeta hasta la médula e impactar su corazón y su mente.

«Tuviste tú lástima de la calabacera, en la cual no trabajaste, ni tú la hiciste crecer; que en espacio de una noche nació, y en espacio de otra noche pereció. ¿Y no tendré yo piedad de Nínive, aquella gran ciudad donde hay más de ciento veinte mil personas que no saben discernir entre su mano derecha y su mano izquierda, y muchos animales?» (4:10-11).

Y sin más, la historia termina, con los comentarios y las preguntas divinas flotando en el aire. Sin respuestas. Un final abierto.

No es exactamente lo que esperábamos. Nos resulta incompleto y parece que Dios estuviera un poco... irritado. Luego de oír al profeta quejarse y desear la muerte antes que soportar sus problemas (v. 9), nos gustaría pensar que en la próxima escena, Dios el Padre se sentaría junto a él, le daría una palmadita en la espalda, lo comprendería, lo consolaría e incluso le daría la razón de que estas interrupciones habían sido demasiado exigentes y difíciles para él... pobre Jonás, con tantos problemas.

Sin embargo, nuestro sabio Padre celestial parece haber adoptado otro tono. Desde Su santa perspectiva, insinúa que el profeta haría bien en considerar su posición humilde en relación a la situación sublime de Dios. «Yo soy Dios», es lo que dice en esencia. «Te hice a ti y a todas las cosas que has disfrutado, incluso esta planta que tanto te cuesta perder. Así que por más que te amo, no tienes por qué cuestionar lo que hago o cómo decida usar estas cosas. Yo tengo el control aquí, no tú».

Nos recuerda a lo que el Señor le dijo a Job, ¿recuerdas? Luego de la trepidante descripción inicial de todos los contratiempos y las tragedias de Job, los primeros treinta y tantos capítulos de su libro están compuestos de rezongos, quejas y personas que le dicen a Job lo que tiene que pensar. Hay algunos momentos sublimes de fe y de perseverancia salpicados por allí, pero también mucha ansiedad y un enojo bastante abierto hacia Dios por permitir que sucedieran estas cosas sin asomo de explicación.

Recién cerca del final del relato, Dios habla: una vez más, principalmente con preguntas para Job, como las siguientes: «¿Dónde estabas tú cuando yo establecía los cimientos de la Tierra? Dámelo a conocer, si conoces la inteligencia. ¿Quién echó sus medidas, si tú lo sabes? ¿O quién extendió cordel sobre ella?» (38:4-5, PES). «¿Cerró las compuertas del mar, e hizo que fluyeran las aguas desde sus entrañas, haciéndolas brotar cuando las colocó? Él puso la nube sobre su cobertura, y la densa oscuridad como pañal; le puso estatuto y le puso puertas y cerrojos» (vv. 8-10, PES).

Dios recién estaba entrando en calor. ¿Acaso Job sabía cómo despertar el amanecer, adónde se guardaban el granizo y la nieve? ¿Sabía cómo volcar las vasijas de agua del cielo para enviar lluvia a la Tierra, o asegurarse de que los leoncitos tuvieran todo el alimento que necesitaban? ¿Quién talló los desfiladeros de la Tierra o acomodó las estrellas en sus lugares celestiales, o diseñó la destreza majestuosa de un caballo a todo galope? «Habla si tienes aunque sea un esbozo de respuesta» (v. 18, traducción libre, MSG).

Esto sigue así versículo tras versículo, un misterio imponderable tras otro, hasta que Dios lo resume en el capítulo 40 diciendo: «¿Qué puedes decir en tu defensa? ¿Me arrastrarás al tribunal para acusarme, a mí, el Todopoderoso?» (v. 1, traducción libre, MSG). *¿En serio esperas tener la última palabra, Job? ¿Todavía estás convencido de saber tanto? ¿En verdad te sientes con el derecho de saber el por qué de mis acciones?*

Buenas preguntas.

No solo para Job.

No solo para Jonás.

Lo que es aun más importante, para nosotros.

¿Tenemos derecho a enojarnos por la pérdida de la sombra de una «planta» marchita que ni siquiera creamos ni cultivamos? ¿Pretendemos saber cómo Dios debe manejar Sus negocios, o sentir que nos debe una explicación por cada decisión que cae fuera de nuestras preferencias? ¿Cómo nos atrevemos a pensar que sabemos más que Dios y no estamos dispuestos a estar ajenos al por qué de esta interrupción en nuestra vida de esta manera, en este momento, a este costo y durante esta cantidad de tiempo? Tenemos que darnos cuenta de que al exigir comprender lo que sucede o pensar que merecemos una respuesta, intentamos colocarnos por encima de Dios y lo tratamos como si estuviera obligado a conceder nuestros pedidos de información o alivio, por más que decida no hacerlo. Lo relegamos a la posición de un botones cósmico a nuestra disposición, para atendernos y someterse a todos nuestros caprichos.

¿No ves que al competir con Dios, Él gana con ventaja, que tiene todas las respuestas y el control? ¿No comprendes que sigue siendo Dios, incluso cuando quisieras explicaciones, cuando te parece que tendría que escuchar cómo harías tú las cosas si estuvieras al mando?

Ahora, escúchame con atención: Dios amaba a Jonás. Y también te ama. No es un padre duro que no ve la hora de darnos una reprimenda. No, hay gracia en Sus ojos. El cuidado y el consuelo le caen de los labios, aun cuando habla con la franqueza que trae la disciplina y la convicción que tanto necesitamos.

Pero no creas que porque tiene un corazón de Padre, es todo un gran juego. Él sabe cuándo tiene que imponer Su autoridad, y cuándo el gesto más amoroso de todos es el que nos pone en nuestro lugar: el lugar donde puede comenzar la verdadera entrega.

Progresos positivos

El ejercicio divino de autoridad y el privilegio es lo que hace que el final del libro de Jonás sea poderoso. Sin embargo, la belleza profunda de esta conclusión inconclusa se encuentra en que Dios le habló a un profeta fugitivo y rebelde: un hombre que habría contrariado a la mayoría. Evidentemente, Dios no *mimó* a Jonás, pero tampoco lo *ignoró*. Es sobrecogedor que el Dios del universo hiciera todo lo posible por aclarar Su forma de pensar. Aunque Su objetivo inicial al utilizar la planta, el gusano, el viento y el sol puede haber sido iluminar y dejar al descubierto las *prioridades* equivocadas del profeta, ahora deseaba darle a Su hijo un cambio de *perspectiva*. Hacia la *de Dios*.

Verás, el Señor no usa Su posición superior solo para arrojarnos órdenes y directivas. En cambio, desea moldear el corazón de Sus hijos llevándonos hacia Su manera de pensar eterna, verdadera y acertada. No se trató de una diatriba divina; fue un momento de enseñanza pura, para darle una perspectiva y una percepción divinas a alguien que no las merecía.

Alguien como nosotros.

¿Puedes creerlo? Yo no salgo de mi asombro: que Dios se desviva para explicar Su visión sobre las situaciones de la vida. Aunque tiene todo el derecho de dejarnos librados a nuestros puntos de vista limitados y humanos, paralizados con temor al mirar con expresión vacía por la ventana de nuestra vida, intentando desesperadamente escapar de la incertidumbre de las interrupciones que enfrentamos, Dios decide darnos una visión espiritual para que veamos como Él ve y nos sintamos impulsados a rendirnos de todo corazón.

Voy a arriesgarme. Diré que Jonás lo comprendió. Creo que salió de este drama de cuatro capítulos con una mentalidad cambiada. ¿Por qué? Porque si no fuera así, no creo que hubiera dejado así el final del libro. No se parece al Jonás que conocemos.

Los eruditos aun debaten si Jonás es o no el autor de su propia historia. Yo creo que sí, como muchos comentaristas respetados. Y eso significa que, bajo la inspiración del Espíritu Santo, decidió terminar el relato de su historia de esta forma inconclusa. Evidentemente, consideró que estas ideas y preguntas divinas constituían un final apropiado para su legado, al dejar que Dios tuviera la última palabra. Al final, Jonás estuvo dispuesto a contar una historia sumamente personal, reveladora y humilde de su rebelión, sin ponerse como el héroe ni justificar su conducta, ni siquiera al final. Solo una persona de gran humildad y transparencia podría hacerlo. En lugar de desear que nadie se enterara de los detalles sórdidos y aislarse con amargura y desilusión durante el resto de su vida, decidió dejar bien en claro lo que le sucedió, comenzando desde el principio.

- *Capítulo 1:* Dios designó una tormenta para que interviniera en la vida de Jonás, la cual comenzó y terminó según mandato divino. Hasta los marineros politeístas respondieron al obrar del Señor.

- *Capítulo 2:* Dios llamó al gran pez, que nadó hasta las coordenadas específicas del barco agitado por el viento donde estaba Jonás y luego lo escupió tres días más tarde en el lugar exacto donde Dios le indicó.

- *Capítulo 3:* Toda una ciudad de paganos que detestaban a los hebreos se apartó de su maldad y recibió la misericordia inmerecida de Dios. Incluso el rey se sometió a un ayuno extremo por arrepentimiento.

- *Capítulo 4:* La planta, el gusano, el sol y el viento solano llegaron justo a tiempo e hicieron precisamente lo que Dios les asignó.

El único personaje en todo el relato que rara vez se encontraba *donde* tenía que estar, *cuando* tenía que estar y *haciendo* lo que Dios quería... era Jonás. El predicador. Resulta que la mayor transformación en esta historia era para el mismo profeta.

Este relato deja algo en claro: a veces, el pueblo de Dios es el que más necesita ser cambiado y modelado por Sus herramientas expertas. A veces, somos los que más necesitamos que nos acomoden las ideas y nos aclaren la perspectiva. Y en estos versículos finales y pertinentes, Jonás quiso asegurarse de que no pasáramos esto por alto, en caso de que no nos hubiéramos dado cuenta en los primeros tres capítulos y medio.

Quién sabe si en este instante (este momento fundamental donde el Señor dejó una pregunta resonando en la mente del profeta) por fin se arraigó al corazón de Jonás la perspectiva sobre la planta, los ninivitas y todo este conjunto de sucesos, haciendo que se sentara, pluma en mano, a registrar su dramática epopeya. ¿Será factible que este final insatisfactorio sea en realidad un indicio literario de que lo más importante que quiso decir Jonás fue lo que Dios le comunicó en este momento y lugar históricos, al este de una ciudad enemiga? Al escuchar al Señor con este categórico tono de voz, quizás Jonás comprendió por fin lo que Dios había intentado decirle antes.

Las interrupciones exigen una entrega total.

Cuando lo hacemos, los efectos sobrenaturales pueden ser impresionantes.

Quizás, nosotros también podemos comprenderlo aquí. Tal vez, al final de *este* libro es donde podemos comenzar a entender que la respuesta aparentemente rígida de Dios a Jonás viene junto con una parte de aliento. Así como la sabiduría y el poder consumidores de Dios te mantienen en tu lugar correcto y humilde delante de Él, también irradian confianza en Su cuidado sobre ti. Puedes ver y aceptar la interrupción que estás enfrentando como una intervención divina, sencillamente porque Dios está detrás y tiene el control. Quizás te sorprenda lo que ha sucedido, pero a Él no. Puedes descansar sabiendo que el Señor busca tu bienestar. Si tiene la capacidad ilimitada para manejar toda la información y comprensión de lo que te sucede a ti, a mí y a todos los que conocemos, entonces le sobra poder (sin mencionar Su amor fiel y comprometido) para controlar por completo todo lo que te sucede, aunque no sepas exactamente lo que es ni veas una buena razón para que Él te someta a esto.

Así que, Jonás... relájate. Dios hace y siempre ha hecho Su tarea. Quizás no *sepas* todo lo que hay detrás de esto, pero está bien... porque no es *necesario*. Lo único que necesitas saber es que Dios tiene el volante, y te coloca en el lugar clave para un resultado con repercusiones sobrenaturales que sobrepasan todas tus expectativas.

¿Lo haremos o no?

Mi amiga Brigette me llamó hace unos días con malas noticias. Cáncer de mama. Nadie sabe lo que significará. Sin duda, estamos orando por un milagro y pidiendo la sanidad completa de Dios, ya sea mediante la eliminación inmediata e instantánea de estas células dañinas o a través de los tratamientos médicos para su enfermedad.

La tomó por sorpresa, sí. Había consternación en su voz.

Sin embargo, había algo más. Brigette está ansiosa por ver lo que Dios hará con todo esto. De veras, desea atravesar con fidelidad esta prueba, esta aventura, con plena confianza en que Dios le ofrece oportunidades de servirlo de maneras en que nunca hubieran sido posibles.

Aquí tienes a una mujer que no solo *vive* las interrupciones de su vida sino que también *aprende* de ellas. Aquí tienes a alguien que no espera un resultado favorable ni una explicación de cinco páginas para embarcarse con Dios hacia lo que Él tenga en mente para la próxima fase inesperada de su vida. Aquí tienes a una persona que camina con visión espiritual, con el punto de vista divino y un corazón moldeado para aceptar su situación como una intervención divina que promete quién sabe qué clase de maravillas y posibilidades espirituales en el trayecto.

Y al escucharla hablar así, no puedo evitar recibir inspiración y aliento.

Quizás pienses: «Ah, está en etapa de negación. Espera a que la golpee la realidad de la situación. Cantará una tonada más triste y realista dentro de unos meses». Es cierto, Brigette puede tener días peores por delante. Algunas mañanas, quizás despierte con el deseo de no tener nada que ver con la palabra «cáncer». Pero esto no le quita autenticidad a la profundidad de su confianza, su obediencia y su entrega ni la desconecta de la realidad. Su confianza está a disposición de todo hijo de Dios, cualquier día de la semana, durante cualquier interrupción que haya en tu vida o en el horizonte.

Brigette no sabe qué esperar, pero sabe que puede rendirse a su situación. Puede confiar en Aquel que la llamó aquí, y la invita a algo sobrenatural.

Es lo que podemos esperar de las intervenciones divinas.

No podemos saber *con seguridad* si Jonás alguna vez aceptó esto. Dios decidió no decírnoslo. Sin embargo, creo que no conocer la respuesta de Jonás no es lo más importante. La gran pregunta para este momento no es: «¿Qué hizo *Jonás*?» sino «¿Qué haremos *nosotros*?»

¿Qué harás *tú*?

- ¿Comenzarás a reconocer que las interrupciones de tu vida son en realidad intervenciones divinas, que te llaman a abordarlas de otra manera?

- ¿Te rendirás a las instrucciones de Dios en lugar de huir en dirección opuesta?

- ¿Someterás tus planes y tus propósitos a la seguridad de los diseños desconocidos de Dios para tu vida?

- ¿Atenderás Su llamado a una relación aunque el camino hacia una mayor intimidad parezca temible, arriesgado, aburrido o ingrato?

- ¿Estarás más dispuesto a alcanzar a los «ninivitas» que te rodean y ofrecerles la misma misericordia que Dios te brindó?

- ¿Seguirás aferrado a tus comodidades y derechos aun cuando sepas que son de más impedimento que de ayuda?

- ¿Seguirás al Señor? ¿Confiarás en Él? ¿Obedecerás... de todas formas?

Ya me sobrepuse a la desilusión de que la historia de Jonás parece detenerse en medio de una oración sin llegar a una conclusión real. Pero con el misterio que nos deja esta última oración y con gran parte de nuestra propia historia por conocer, hay algo de lo cual podemos estar seguros: la entrega rendida y obediente nos mantendrá exactamente donde Dios nos quiere. Nos permitirá ver la vida y el futuro como Él los ve, y abordar cada día con su perspectiva que proporciona satisfacción, seguridad y consuelo. Muchos de nuestros asuntos pendientes en lo espiritual se transforman en un legado de fe cuando decidimos rendirnos en obediencia a la dirección y el llamado sabio de Dios. Cada día más. Cada vez que confiamos y obedecemos.

Solo Dios sabe

Ahora puedo decirlo: la historia de Jonás no me decepcionó, incluso con el desenlace que en realidad no concluye. Al final, puedo irme con esta emocionante noción: la interrupción que Jonás se esforzó tanto por evitar fue una oportunidad para formar parte del *mayor avivamiento de la historia humana*.

Bastante simple, si lo decimos de *esa* manera.

Dios le ofrecía un premio mayor y lo único que veía el profeta eran los problemas. Sin embargo, es exactamente lo que Dios nos ofrece: una manera mejor, Su perfecta voluntad, un papel clave en Su plan impecable para todas las edades. Pero esta es la cuestión: puede estar disfrazado de una interrupción que no podemos distinguir, y nuestra tendencia es huir. Incluso podríamos decir, como regla general, que cuanto mayor es nuestro deseo de alejarnos corriendo de una interrupción, más considerable es el resultado que Dios está preparando. ¿No es lógico entonces que nuestro enemigo, el entrenador estelar de corredores, quiera que vayamos por ese camino si puede surgir algo espectacular y eterno al seguir al Señor?

Es que no sabemos lo que Dios está preparando. Tenemos que ir con Él y averiguarlo, confiados.

Me alegra que Jude me haya llevado a Jonás. Ese manojito dulce y adorable de energía me enseñó una lección sumamente valiosa. Bueno, me costó bastante hacerme a la idea de tener una familia de cinco personas en esta época tan ajetreada de la vida. Y sí, todos hemos tenido que ajustar nuestro espacio, reorganizar el calendario, cambiar de lugar nuestros planes y modificar nuestros hábitos. A menudo, las intervenciones divinas lo exigen. No obstante, el poder de la perspectiva de Dios, iluminado por las palabras finales del Señor a Jonás me abrió los ojos a algo que, de lo contrario, quizá nunca habría visto con claridad.

Verás, el verano luego de casarme con Jerry, asistimos a uno de sus encuentros familiares. En un momento, una de sus primas se nos acercó y, durante una breve conversación, dijo algo que sacudió a mi esposo hasta la médula: «Jerry, ¿sabías que eres el último hombre que mantendrá el apellido Shirer?» Sin duda, esto quedaba en claro con solo mirar el patio lleno de parientes. Jerry era la última oportunidad para la continuidad de su apellido. Y cuando esta prima se levantó de donde estábamos sentados y se mezcló con la multitud, Jerry y yo nos quedamos allí sin decir palabra.

Luego de varios momentos silenciosos, me miró con los ojos llenos de emoción, a medida que sus sentimientos afloraban. Me llevó a un lado y me explicó que en su familia, había hombres que no le habían sido fieles al Señor. Recordaba a su madre de rodillas, clamando a Dios y pidiéndole que se rompiera cualquier maldición generacional, y que sus hijos vivieran para honrarlo a Él.

«Priscilla», me susurró tan despacio que tuve que inclinarme para comprender lo que decía, «creo que el Señor tiene la intención de hacer algo nuevo con nosotros, con los dos. Siento la seguridad de que nuestra parte será la crianza de hombres piadosos de apellido Shirer».

Era algo que le surgía desde lo profundo de su ser. Provenía de Dios. Era especial. Lo sabía, podía percibirlo y nunca olvidaré lo que dijo a continuación: «Priscilla, cuando tengamos hijos, creo que el Señor nos dará varones».

Y ahora, once años más tarde, es exactamente lo que hizo. Cuando miro a mis tres hijos, con la nueva perspectiva intacta, veo una intervención divina en acción, la cual nos otorga, si nos rendimos por completo y participamos de esta época tan fugaz, la posibilidad de participar con Él en una de las oportunidades más sensacionales y conmovedoras de mi vida. Me permite criar jóvenes guerreros para Jesucristo, que un día abandonarán el nido y asumirán la lucha de su generación. Estoy sentada al borde de mi asiento, con la barbilla entre las manos, esperando a ver qué hará Dios.

Con mis hijos.

Con mi esposo.

Conmigo: una mujer común y corriente que decide rendirse a una vida interrumpida.

Tus detalles son diferentes. Tu interrupción es personal y única. Y sin embargo, debes hacer lo mismo que yo: rendirte. Es lo único que puede ayudarnos a transitar lo inesperado. Estoy aprendiendo que vale la pena y espero que te unas a Jonás y a mí en este viaje.

El resto de tu historia aun está por escribirse. La pluma del cielo aguarda. El espíritu de Dios irradia inspiración, valentía y perspectiva.

Adelante, Jonás moderno.

Lo mejor está por venir.

Notas

1. J. Vernon McGee, *Jonah: Dead or Alive?* [Jonás: ¿muerto o vivo?] (Pasadena, CA: Thru the Bible Books, 1984), 13.
2. John H. Walton, *Jonah, Bible Study Commentary* [Jonás, comentario para estudio bíblico] (Grand Rapids, MI: Zondervan, 1982), 13
3. McGee, 13.
4. Hal Seed, *Jonah: Responding to God in All the Right Ways* [Jonás: cómo responder a Dios de maneras correctas] (Oceanside, CA: New Song Press, 2008), 31.
5. Walton, 14.
6. McGee, 13.
7. *A Walk Thru the Book of Jonah* [Caminata por el libro de Jonás] (Grand Rapids, MI: Baker Books, 2009), 11.
8. Seed, 33.
9. James D. Devine, *A Journey with Jonah to Find God's Will for You* [Viaja con Jonás para encontrar la voluntad de Dios para ti] (Glendale, CA: Regal Books, 1977), 31.
10. James Limburg, *Jonah: A Commentary* [Jonás: Un comentario] (Louisville, KY: Westminster/Knox Press, 1993), 49.
11. http://www.desiringgod.org/ResourceLibrary/Sermons/ ByDate/1982/367_Cry_of_Distress_and_Voice_of_Thanks, último acceso: 3 de junio de 2010.
12. Limburg, 70.
13. Limburg, 72.
14. Walton, 35.
15. Devine, 109.
16. Seed, 76.
17. William Fay, *The Sin of Silence* [El pecado del silencio] (Nashville: Holman Bible Outreach, 2010), 5.

18. http://www.thruthebible.org/site/c.irLMKXPGLsF/b.5706581, último acceso: 3 de junio de 2010.
19. McGee, 34.
20. Seed, 78.
21. Limburg, 76.
22. Limburg, 77.
23. R. Laird Harris, Gleason L. Archer Jr., Bruce K. Waltke, *Theological Wordbook of the Old Testament* [Vocabulario teológico del Antiguo Testamento] (Chicago: Moody Press, 1980), 1344.
24. Joyce Baldwin, *The Minor Prophets: An Exegetical and Explanatory Commentary* [Los Profetas Menores: un comentario exegético y explicativo](Grand Rapids, MI: Baker Books, 1993), 581
25. Limburg, 93.
26. Seed, 108.
27. Walton, 60.
28. Devine, 149.

Anhelo que al terminar con la lectura de estas páginas continúes tu camino con una perspectiva diferente sobre las interrupciones de la vida. Porque tal como lo hemos visto con Jonás, pueden ser sorprendentes intervenciones divinas.

Hay demasiadas similitudes entre nosotros y Jonás, entre su historia y la nuestra. Por eso puedo asegurarte que, cuanto más profundices en su vida, verás con mayor claridad tu propia vida y las circunstancias.

Bendiciones.
Priscilla